D1745909

Für NICKI S und FRANK S
und zur Erinnerung
an die schönen Erlebnisse
mit AQUARIUS C

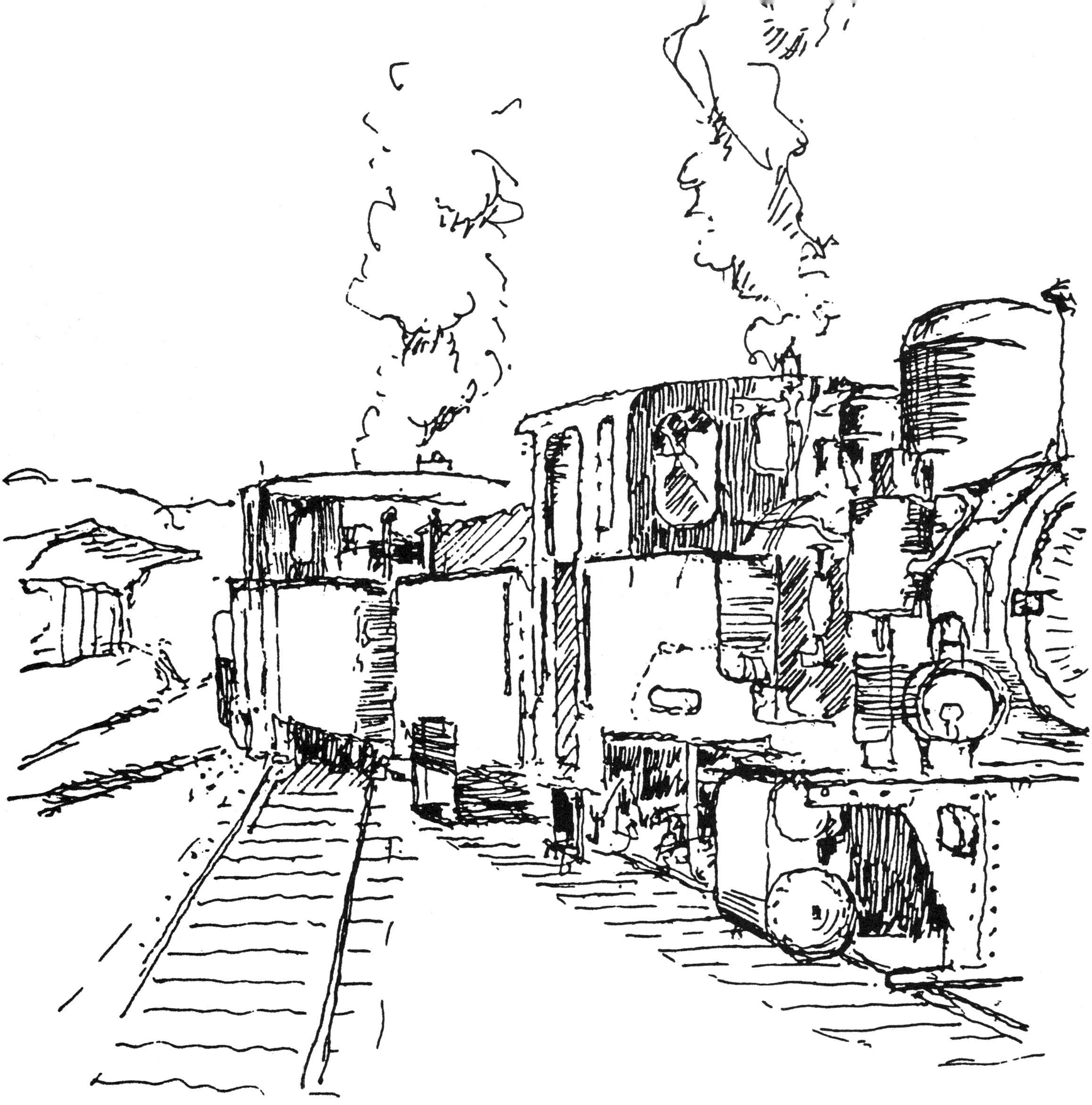

Jagsttalbahnfreunde e. V.
Unsere vier Dampfloks

Idee und Gestaltung Walter Ess

Vorwort

Mit der Inbetriebnahme unserer Lokomotive FRANK S im Mai 1982 begann für den Dampfbetrieb auf der schmalspurigen Jagsttalbahn Möckmühl – Dörzbach eine neue Ära. Es folgte 1984 deren Serienschwester NICKI S und nur ein Jahr später die bauartgleiche BIELEFELD. Abschließender Höhepunkt dieser Entwicklung war im April 1986 die Anlieferung unseres „Flaggschiffes", der E-gekuppelten ehemaligen Zillertalbahnlok ZB 4 AQUARIUS C.

Alle vier hatten bis 1945 der Heeresfeldbahn (HF) der ehemaligen deutschen Wehrmacht gedient. Die drei erstgenannten kleineren Maschinen entstammen der Bauart HF 110 3/3. Es handelt sich dabei um dreifach gekuppelte Zweizylinder-Naßdampfloks, von denen FRANK S und NICKI S einen zweiachsigen Wasser- und Kohletender mitführen (Bauart also Cn2 + 2T6). BIELEFELD ist seit 1949 Tenderlok (Cn2t).

ZB 4 AQUARIUS C ist doppelt so stark wie die drei kleinen ehemaligen HF-Schwestern: 220 gegen 110 PS. Ihre Bauart ist En2 + 2T6. Angesichts des nach Kriegsende herrschenden Lokomotivmangels wurden alle vier schnell zu begehrten „Friedensloks": FRANK S war 23 Jahre in der DDR unterwegs, NICKI S 3 Jahre in Österreich, BIELEFELD 22 Jahre in Jugoslawien und ZB 4 AQUARIUS C 38 Jahre lang ebenfalls in Österreich.

Nach ihrer Ausmusterung bei Staats- bzw. Landesbahnen wurden sie ab 1974 nach Umbauten und genereller Aufarbeitung zu betriebsfähigen Museumsbahnlokomotiven. Nun sind sie also vereint im Jagsttal.

Ab 1974 ist Walter Ess dem Lebenslauf der vier Maschinen nachgegangen und damit zwangsläufig auf die Geschichte der Heeresfeldbahnloks gestoßen. – Darüber hat er 1976 in seinem Buch »Heeresfeldbahnlokomotive Henschel 25983« berichtet. Nach umfangreichen weiteren Recherchen in den Jahren 1978/79 verarbeitete Alfred B. Gottwaldt das Material zu dem 1986 erschienenen Buch »Heeresfeldbahnlokomotiven«.

Die vorliegende Schrift ist eine Ergänzung zu diesen Büchern. Sie soll zugleich zeigen, wo sich unsere vier Museumsdampfloks für möglichst viele Jahre zur Freude der Besucher der Jagsttalbahn aufhalten sollen.

Von Möckmühl nach Dörzbach

Auf dem Bahnhofsvorplatz in Möckmühl beginnt die 39,1 km lange Schmalspurbahn mit Spurweite 75 cm nach Dörzbach. Gleich nach dem Bahnhof führt die Strecke über die engste Gleiskrümmung mit einem Radius von nur 80 Metern und dann auf interessanten Brückenkonstruktionen über die Flüsse Seckach und Jagst. Die Trasse paßt sich weitgehend dem windungsreichen Lauf der Jagst und den Berghängen an. Über Ruchsen, Widdern und Olnhausen geht es nach Jagsthausen, bekannt durch die Götzenburg und die jedes Jahr stattfindenden Festspiele. Im Burgmuseum ist die eiserne Hand des Ritters Götz von Berlichingen ausgestellt. In Berlichingen durchquert die Bahn direkt an der Kirche vorbei auf engstem Raum das Dorf. Im Bahnhof Schöntal ist dann die Streckenmitte erreicht. Schon von weitem sind die beiden Türme der berühmten Barockkirche zu sehen.

Das Tal der Jagst weitet sich jetzt, der Streckenverlauf wird gradliniger. Der nächste Bahnhof ist Bieringen, und über Westernhausen, Winzenhofen mit seinen Jagstbrücken, Marlach und Gommersdorf erreicht der Zug Krautheim. Dieser anerkannte Erholungsort mit seinen Sehenswürdigkeiten (z. B. die Götzenburg und das Museum) ist einen Besuch wert. Ein Gedenkstein beim Bahngleis nahe der Ortsausfahrt erinnert an die Tatsache, daß hier einst Götz von Berlichingen dem Kurmainzer Amtmann seinen berühmten Kernspruch an den Kopf geworfen hat.

Über den Weinort Klepsau erreicht die Bahn schließlich ihren Endpunkt in Dörzbach. Hier befinden sich Betriebsleitung, Werkstätte und Omnibusbetriebshof der Jagsttalbahn. Der Ort bietet seinen Gästen einen sehenswerten Ortskern und gut geführte Gasthäuser.

Seit 85 Jahren fährt die Schmalspurbahn durch das burgenreiche, geschichtsträchtige Jagsttal. Ein örtliches Bahnkomitee beauftragte damals die private Eisenbahngesellschaft Vering & Waechter mit dem Bau der Bahn. Am 13. 1. 1899 wurde die Konzession erteilt, und nach knapp zweijähriger Bauzeit fuhr am 18. 12. 1900 der erste planmäßige Güterzug durch das Jagsttal; der Personenverkehr wurde dann am 15. 3. 1901 festlich eröffnet.

Die wesentliche Stütze der Bahn war und ist der Güterverkehr, vor allem der Zuckerrübentransport im Herbst. Dazu verwendet man vorwiegend Normalspur-Güterwagen, die in Möckmühl auf schmalspurige Rollböcke geschoben werden. In der Nachkriegszeit ging der Personenverkehr auf der Jagsttalbahn so weit zurück, daß er am 31. 12. 1951 eingestellt werden mußte. Erst im Dezember 1966 wurde wieder ein Schülerverkehr eingerichtet, und am 25. Juli 1971 fuhr der erste historische Personenzug durchs Jagsttal. Die Dampflok »Helene« der Deutschen Gesellschaft für Eisenbahngeschichte e. V. eröffnete den Museumszugbetrieb, der seither Jahr für Jahr an Umfang zunimmt. Inzwischen stehen 4 Dampflokomotiven, 3 Diesellokomotiven, 2 Triebwagen und zahlreiche Personenwagen (u.a. historische Oldtimer, Aussichtswagen, Erstklaßwagen) für das beschauliche Reisen durch eines der landschaftlich schönsten Gebiete zur Verfügung.

SWEG · Südwestdeutsche Verkehrs-AG
Verkehrsbetrieb Dörzbach
in Zusammenarbeit mit
Jagsttalbahn-Freunde e. V.
Bahnhofstraße 8
7119 Dörzbach, Tel. (0 79 37) 2 77

Autor	Walter Ess, Bielefeld
Typenskizzen	Günter König, Ludwigshafen
Zeichnung S. 4	Prof. Arnold Schüler, Bielefeld, anläßlich eines Ausflugs des Rotary-Clubs Bielefeld 1984
Bildautoren	T. Braté
	R. Ertmer
	W. Ess
	Archiv Griebl
	M. Hahlbohm
	M. Heigl
	R. Kalliomäki
	K. Kieper
	Koppisch
	Meier
	G. Nickel
	Röder
	Schneider
	Archiv Schörner
	Spranger
	Archiv Stock
	O. Teubert
	Thyssen-Henschel
	sowie folgende Vereinigungen:
	A.C.F.A. Abreschviller / F
	Club 760, Murau / A
	Dampfkleinbahn Mühlenstroth, Gütersloh
	Ehemalige Eisenbahnpioniere
	Hersfelder Eisenbahnfreunde
	Jagsttalbahnfreunde

Allen Bildautoren gilt unser Dank für die kostenlose Zurverfügungstellung. Der Reinerlös aus dem Verkauf dieses Buches ist ausschließlich dazu bestimmt, die Jagsttalbahn zu erhalten und zu fördern.

Dem Bundesarchiv ist zu danken für Fotos und Zeichnungen auf Seiten 13, 90, 91, 92, 93, 135, 136, 137, 138, 140, 142, 144, 145, 149, 150, 151, 152, 153.

Copyright 1986. Verlag Uhle & Kleimann, Postfach 11 47, D-4990 Lübbecke 1.

Alle Rechte, auch die des auszugsweisen Nachdrucks, der fotomechanischen Wiedergabe und der Übersetzung vorbehalten.
Printed in Germany. Satz und Druck: Uhle & Kleimann, Lübbecke; Einband: Großbuchbinderei B. Gehring, Bielefeld.
ISBN 3-922657-55-9

Inhaltsangabe

Seite

10	FRANK S
44	NICKI S
64	BIELEFELD
82	ZB 4 AQUARIUS C
126	Museumsbahn Abreschviller, Vogesen/Frankreich
130	Verbleibstatistik Lokomotiven Typ HF 110 3/3
132	Feldbahnlokomotiven HF 110 3/3 im Kriegseinsatz 1939 – 1945
156	Nachwort
160	Literaturhinweise

FRANK S   NICKI S   BIELEFELD   ZB 4 AQUARIUS C

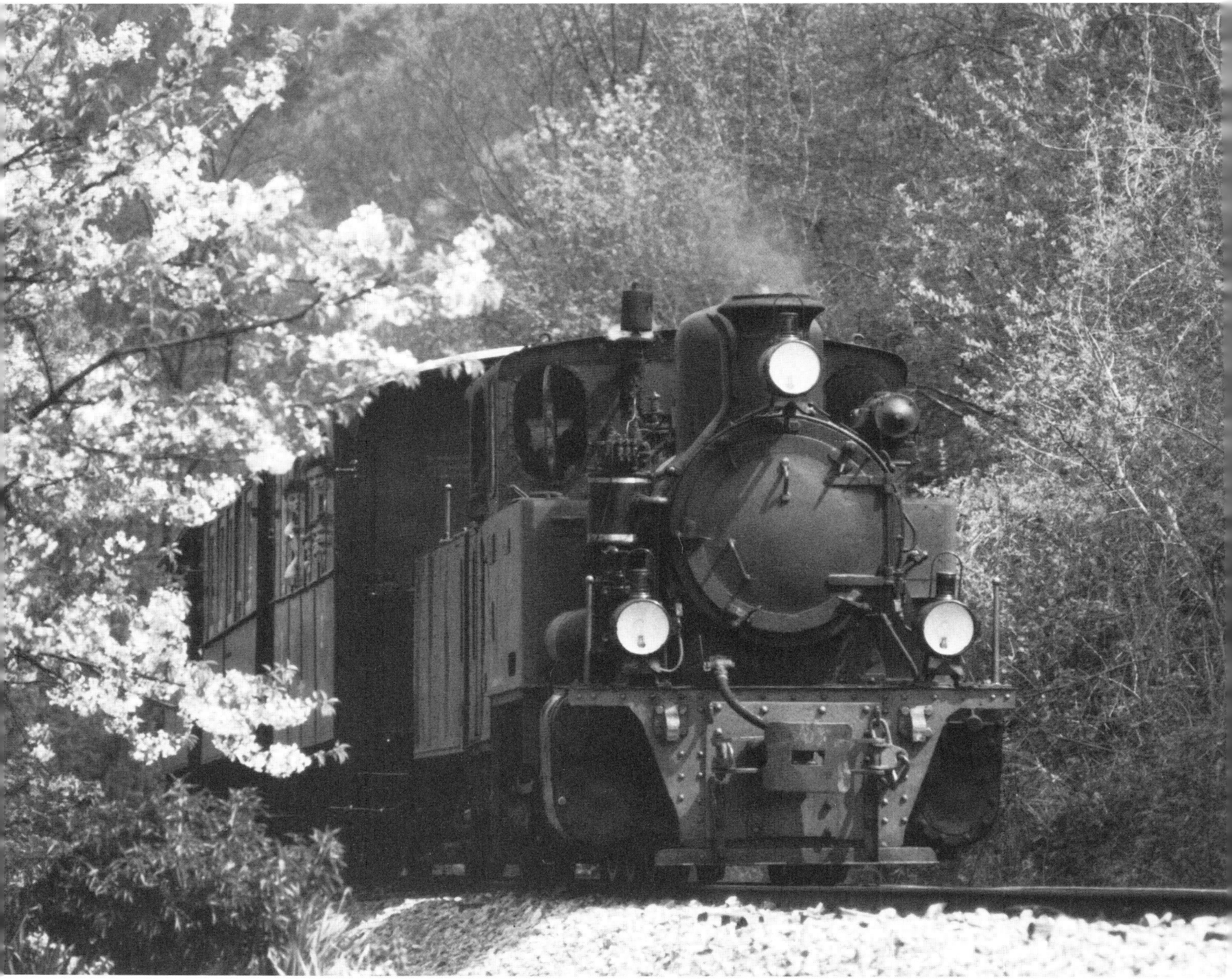

FRANK S

HENSCHEL
Nr 25 983 — 1941 —
HENSCHEL & SOHN KASSEL

Lok Frank S

Fabrik-Nr. 25 983
Tender der 25 979 (ab 1974)

1941	gebaut und geliefert von Henschel & Sohn, Kassel
bis 1945	Heeresfeldbahn Nr. HF 25 983. Eingesetzt auf Übungsfeldbahn Rehagen-Klausdorf, zuletzt abgestellt im Wehrmachtsdepot Mellensee
12.1945	Überführung zur Jüterbog-Luckenwalder Kreiskleinbahn, Einsatz als Lok Nr. 1 »DAHME«
1949	Übernahme durch Deutsche Reichsbahn, Umzeichnung in 99 4652
1.2.1965	Überführung zum Bw Putbus (Rügen)
10.9.1968	Zusammenstoß mit Traktor, erhebliche Beschädigung, ausgemustert
1974	Verkauf in die BRD, zunächst Überführung ins Bw Wernigerode-Westerntor, äußere Aufarbeitung, Umspurung von 750 auf 600 mm
25.7.1974	Ankunft in Gütersloh-Mühlenstroth (DKBM)
8.1974 - 10.1974	Kessel, Armaturen und Dampfmaschine durch DKBM betriebsfertig hergerichtet
19.10.1974	TÜV-Abnahme, Einsatz als Lok 4 »FRANK S«
4.1981 - 6.1981	Kesselhauptuntersuchung und Neuberohrung
9.12.1981 - 6.5.1982	Umbau TWE Lengerich: Einbau einer Knorr-Druckluftbremse, Umspurung von 600 auf 750 mm, Änderung der Zug- und Stoßvorrichtung, Neuanstrich S/G/R
8.5.1982	Ankunft in Möckmühl
13.5.1982	Abnahmeprobefahrt Dörzbach – Möckmühl – Dörzbach

km-Leistungen 1974 – 1985

DKBM 1974 – 1981	1.095
Jagsttalbahn 1982	1.588
Jagsttalbahn 1983	2.391
Jagsttalbahn 1984	1.245
Jagsttalbahn 1985	1.287

Heimat – Eisenbahnpionierpark Rehagen-Klausdorf

Etwa ab 1885 wurde südlich von Berlin, im Gebiet Jüterbog – Luckenwalde bei den Ortschaften Rehagen, Klausdorf, Kummersdorf und Sperenberg in Verbindung mit einem großen Artillerie-Schießplatz eine Pionierschule aufgebaut. Die damals noch junge Eisenbahnpioniertruppe legte 1900 sogar den Oberbau für die seinerzeitige Kleinbahn Jüterbog-Luckenwalde mit ihren Strecken nach Dahme und Ückrow in einer Gesamtlänge von rund 80 Kilometern.

Ab 1938 wurden die Anlagen des Eisenbahnpionierparks in Rehagen-Klausdorf erneut genutzt. Sie wurden schließlich zum Heimatpark der Feldeisenbahnen. Eine Ringbahn von ca. 20 km Länge wurde mit Drei-Schienen-Gleis in den Spurweiten 600 und 750 mm neu verlegt, umfangreiche Baumaßnahmen für Personalunterbringung, Werkstätten, Lager- und Fahrzeugschuppen durchgeführt.

Rehagen-Klausdorf mit seinen Anlagen (z. B. auch mit dem 3 km nördlich von Rehagen befindlichen Oberbau- und Schmalspur-Fahrzeugdepot Mellensee) lag an der Normalspur-Eisenbahnstrecke Berlin – Zossen – Jüterbog. Diese war vor 1880 als »Kaiserliche Militär-Eisenbahn« (KME) zu Übungszwecken gebaut. Besagte Ringstrecke der Heeresfeldbahn wurde an das 750-mm-Netz der Kleinbahn Jüterbog-Luckenwalde angeschlossen. So verfügten die Eisenbahnpioniere über eine Übungsstrecke von annähernd 100 km Länge! Beinahe stündlich pendelte damals ein Zug zwischen der Eisenbahnpionierschule und dem Eisenbahnpionier-Ersatzbataillon in Sperenberg mit den Brückenbau-Übungsstellen am Schumka-See. Von den in Ausbildung befindlichen Soldaten wurden diese Züge liebevoll als »Schumka-Expreß« bezeichnet. Die heutigen »FRANK S« und »NICKI S« waren hier von 1941 bis 1945 eingesetzt.

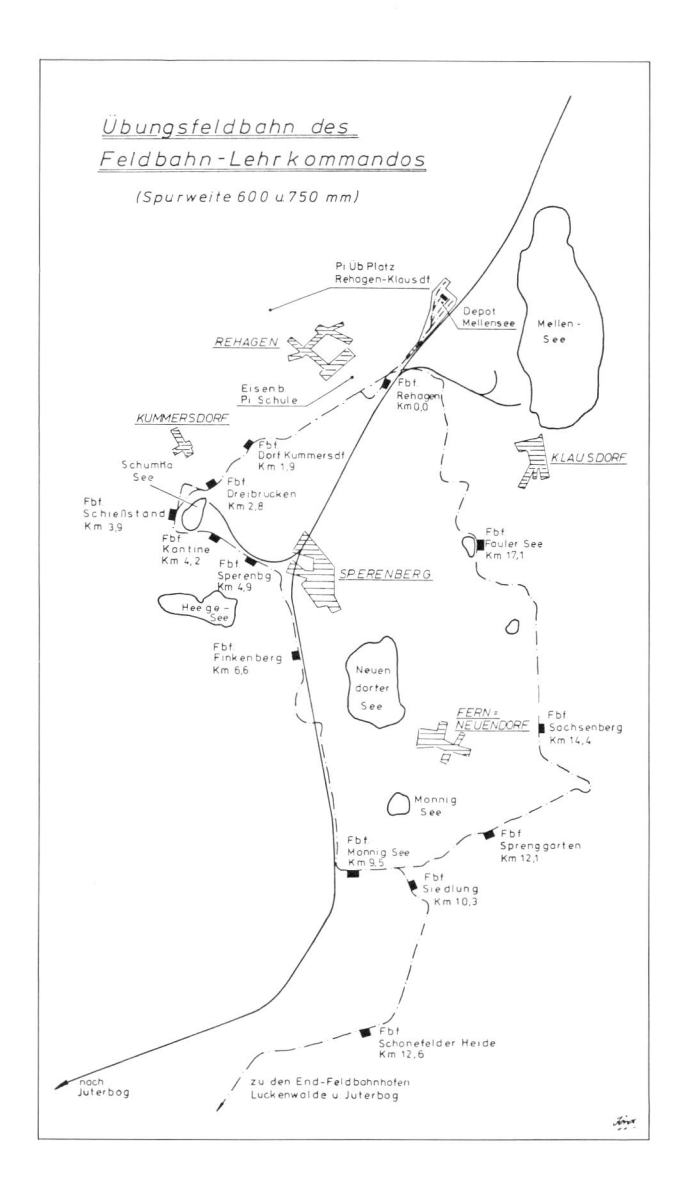

Rehagen-Klausdorf war zugleich Heimat des Eisenbahn-Pionierregimentes 68, später in Regiment Nr. 3 umbenannt.

Kommandeur der Pionierschule war während des Krieges Generalleutnant a. D. v. Donat; 95jährig lebt er heute in Stuttgart.

Mit dem »Schumka-Expreß« nach Luckenwalde zur Vereidigung von Rekruten am 23. Oktober 1940.

Auf dem Drei-Schienen-Gleis (600 und 750 mm) der Pionier-Übungsbahn Rehagen-Klausdorf.
Zuglok aus Henschel-Bauserie 25 945-54 oder 25 978-83.
Der Zug fährt auf dem 750-mm-Gleis.
Seltenes Foto mit den vierachsigen HF-Personenwagen von Linke-Hofmann-Busch. Aufnahme 1943.

Als JLKB Nr. 1 ² und DR 99 4652 bei der Jüterbog-Luckenwalder Kleinbahn

20 Jahre lang, von Ende 1945 bis 1965 war die heutige »FRANK S« südlich von Berlin in der Mark Brandenburg unterwegs. Die JLKB war eine typische 750-mm-Kleinbahn. Während des Krieges war ihr Verkehr eingestellt. Mit Rollmaterial aus dem ehemaligen Wehrmachtsdepot Mellensee wurde der Betrieb auf dringendes Betreiben der Bevölkerung ab Winter 1945/46 wieder aufgenommen. Zusammen mit ihren Schwesterloks 99 4651 (Henschel 25 979) und 99 4653 (Jung 10 123) war die 99 4652 bis zur Betriebseinstellung 1965 eingesetzt. Dann wurden alle drei Maschinen zur Insel Rügen umbeheimatet.

1950/52: DR 99 4652, die heutige »FRANK S« auf der Kleinbahn Jüterbog – Luckenwalde. Es ist nicht auszumachen, ob es sich bei dem Ladegut um Kohlen oder um Rüben handelt. Jedenfalls scheint der „Hottemax" dankbar zu sein für die Verschnaufpause.

Auf Rügen 1966: 99 4651 und 99 4652 im Bw Altenkirchen, dem nördlichsten Betriebswerk der DDR. Der Tender der 99 4651 ist seit 1974 mit »FRANK S« gekuppelt.

1965–1968 auf der Insel Rügen

Zitat aus Walter Ess »Heeresfeldbahn-Lokomotive 25983«, Seite 24

Unsere kleine Lokomotive kam im Frühjahr 1965 nach Stillegung der JLKB zusammen mit ihren beiden HF-Schwestern auf die Insel. Rügen, im Norden der DDR, ist nicht nur wegen der Fährverbindung von Saßnitz nach Skandinavien bekannt, sondern vor allem auch wegen seiner schönen Bäderküste im Süden der Insel. Rügen wird – von Stralsund über den Rügendamm kommend – von Südwesten nach Nordosten diagonal von Altefähr nach Saßnitz durch eine Hauptlinie der Deutschen Reichsbahn durchquert. Mit dem Städtchen Bergen ungefähr in der Mitte. Dort zweigt eine vollspurige Linie nach Putbus im Süden ab. Eine weitere Linie in Lietzow nach Binz.

Der Süden und Norden der Insel wurden vor 80 Jahren durch je eine 750-mm-Kleinbahn erschlossen. Zusammengefaßt zur Rügenschen Kleinbahn (RüKB). Ihre Streckenlänge betrug 98 km. Besonders beliebt war – und ist – die Bäderlinie im Süden. Hier verkehrt auf der Strecke Altefähr – Garz – Putbus – Binz – Göhren der „Rasende Roland". Ungezählte Urlauber hat er in acht Jahrzehnten an ihr Ziel in den hübschen Rügenschen Ostseebädern gebracht.

Weniger bekannt und landschaftlich weniger reizvoll war die Kleinbahnstrecke im Norden Rügens. Sie führte von Bergen über Wittower Fähre und Wiek nach Altenkirchen. Wesentliches Merkmal: die Trajektverbindung über den Breetzer Bodden von Wittower Fähre nach Fährhof. Unsere Lok wurde hier oft zur Seefahrerin. Alle drei ehemaligen HF-Loks waren überwiegend auf der Nordstrecke eingesetzt. Sie war insgesamt 38 km lang und führte durch dünnbesiedeltes Feld- und Weidegebiet. Auf dem südlichen Streckenabschnitt gab es 12, auf dem nördlichen 16 Zwischenbahnhöfe. Im Süden waren Bubkewitz und Trent größere Bahnhöfe mit je zwei Ausweichgleisen für die Zugkreuzungen der damals vier täglichen Zugpaare. Auf dem Nordabschnitt hatte der Hafenbahnhof Wiek einige wirtschaftliche Bedeutung. Er lag sehr hübsch unmittelbar am Wasser. Altenkirchen als Endpunkt hatte das nördlichste Bw der Deutschen Reichsbahn. Die Strecke Fährhof – Altenkirchen wurde am 10. September 1968 eingestellt. Die 99 4652 war als letzte Lok im Einsatz. Bergen – Wittower Fähre folgte am 26. September 1970.

Im Bw Altenkirchen mit 99 4651 und 99 4652.

1968: 99 4633 und 99 4652 mit Kohlenzug auf dem Weg zum Anleger Fährhof.

1966 im Verschiebedienst am Anleger Fährhof.

Übersetzfahrt auf der »BERGEN« von Fährhof nach Wittower Fähre am 15. Juni 1968.

August 1966: Die Kleine mit GmP in Rügenscher Landschaft nach Ausfahrt Fährhof in Richtung Altenkirchen.

Frühjahr 1974: Vor Beginn der Überholungsarbeiten im Bw Wernigerode-Westerntor (Harzquerbahn).

»FRANK S« bei der Dampfkleinbahn Mühlenstroth, Gütersloh

Typische Bw-Szene der Dampfkleinbahn Mühlenstroth (DKBM). Im Vordergrund der damalige Vereinsvorsitzende R. Fersing, der die Hauptuntersuchung der Lok leitete.

Schönwetterzug auf der DKBM mit zwei der beliebten „Bänkewagen" (= ehemalige Heeresfeldbahnwagen aus dem 1. Weltkrieg, die von der Muskauer Waldbahn zur DKBM kamen).

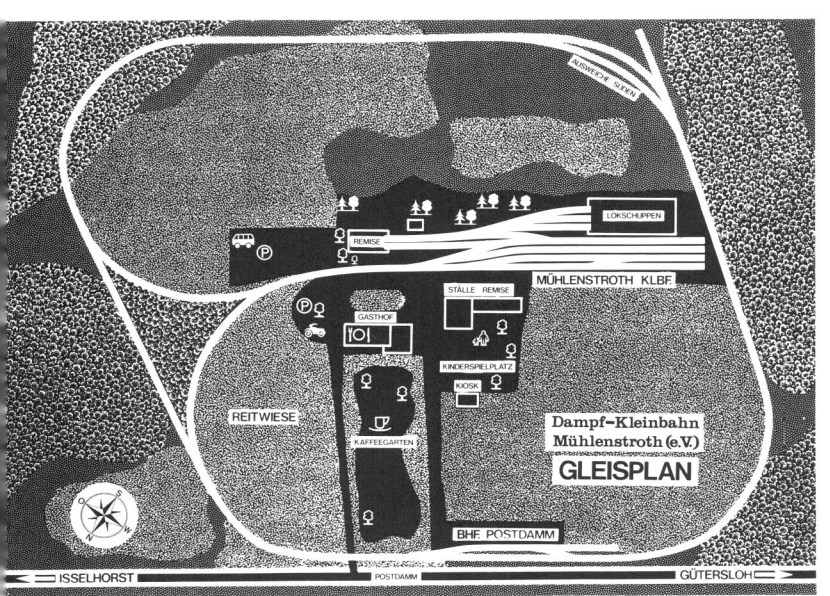

99 4652 traf am 25. Juli 1974 in Gütersloh – und damit bei der 600-mm-Dampfkleinbahn Mühlenstroth ein.

Von August bis Oktober wurde sie durch die fachkundigen Hobby-Eisenbahner der DKBM in betriebsfähigen Zustand versetzt und am 19. Oktober 1974 – nach TÜV-Abnahme – als DKBM-Lok 4 »FRANK S« in Betrieb genommen. Als damals einzige schmalspurige Schlepptenderlok in der Bundesrepublik wurde sie schnell für die vielen Besucher zum besonderen Anziehungspunkt – und zugleich zum Liebling der Vereinsmitglieder der DKBM.

An 65 Einsatztagen bis Herbst 1981 legte die Lok 1.065 km zurück. Von April bis Juni 1981 erhielt sie bei der DKBM eine Kesselhauptuntersuchung und Neuberohrung durch Firma Ottomeyer, Steinheim.

»FRANK S« im Sonntagsverkehr 1978.

Es ist ja so schön, mit der Live-Steam-Eisenbahn zu spielen und malerische Fotos zu schießen!

Doch die meisten Besucher der Museumsbahnen verschwenden keinen Gedanken an die viele Dreck- und Kleinarbeit, die nötig ist, die Loks betriebs- und einsatzfähig zu halten. Und wieviel Idealismus!

Ein Dank gebührt an dieser Stelle den freiwilligen Helfern für ihren unermüdlichen Einsatz.

Gleichzeitig bitten wir besonders die Hobby-Fotografen vor dem Druck auf den Auslöser um eine kleine Spende für die Erhaltung der Fahrzeuge oder zumindest um den Kauf einer preisgünstigen Fahrkarte.

Abschied von der DKBM nach sieben Jahren. »FRANK S« im Morgengrauen des 9. Dezember 1981. Mit Puderzucker des ersten Schnees überzogen, fertig zum Abtransport nach Lengerich.

Von Gütersloh über Lengerich nach Dörzbach

Im Sommer 1981 ergaben sich für den Museums-Dampfzugverkehr im Jagsttal einige schwierige Situationen: die gute alte »HELENE«, bis dahin als Museumslok allein unterwegs, wurde zunehmend störanfällig und die Mallet-Lok 99 633 der DGEG war noch nicht fertiggestellt. Betriebsleiter Hermann Braun der Jagsttalbahn (SWEG) machte sich auf die Suche nach einem zumindest zeitweisen Ersatz. Er stieß auf dem Umweg über österreichische Eisenbahnfreunde (Club 760) auf die »FRANK S« und damit auf die Möglichkeit, diese Mühlenstroth-Lok anzuheuern. Die Entscheidung zum Wechsel der »FRANK S« zum Jagsttal fiel umso leichter, als in Gütersloh mit der ehemaligen Mecklenburg-Pommern-Lok Nr. 12 »MECKLENBURG« seit 1980 eine weitere betriebsfähige Schlepptenderlok vorhanden war.

In fünfmonatiger Arbeit wurde die Lok in der Hauptwerkstatt Lengerich der Teutoburger Wald-Eisenbahn (TWE) umgebaut und für ihren Einsatz im Jagsttal vorbereitet. Betriebsleiter Beckmann und seine Mitarbeiter leisteten hervorragende Arbeit. Die Maschine konnte nach ihrer Überführung in Dörzbach problemlos abgenommen und eingesetzt werden.

Während der Umbauzeit in der Hauptwerkstätte Lengerich der Teutoburger Wald-Eisenbahn.

„Verladen und gesichert" vor der Abfahrt aus Lengerich.

Erste Fahrt durchs Jagsttal am 10. Mai 1982. Hier vor der Götzenburg in Jagsthausen (Schmalspur auf Normalspur auf Schmalspur!).

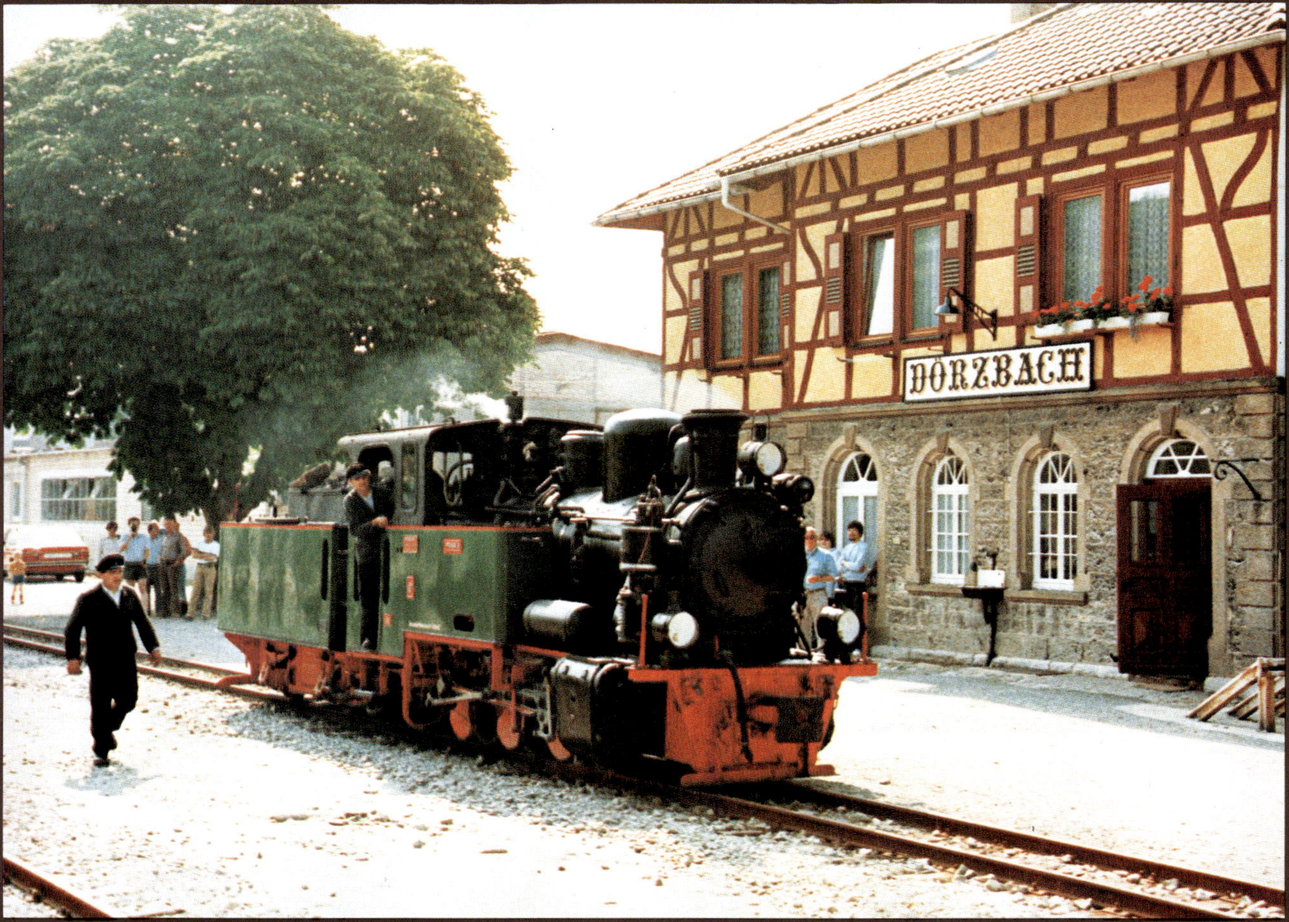
DÖRZBACH

Vor dem Sonnenhang des süffigen „Dörzbacher Altenberg". Beliebter Bedarfshaltepunkt »Grenzstein« des Badener Betriebsleiters Hermann Braun.
(Vorn rechts zu sehen der alte Grenzstein zwischen dem Großherzogtum Baden und dem Königreich Württemberg.)

Erstes Roll-out in Dörzbach mit anschließender Lastprobefahrt.

Rechts:
Abnahmefahrt
am 12. Mai 1982.

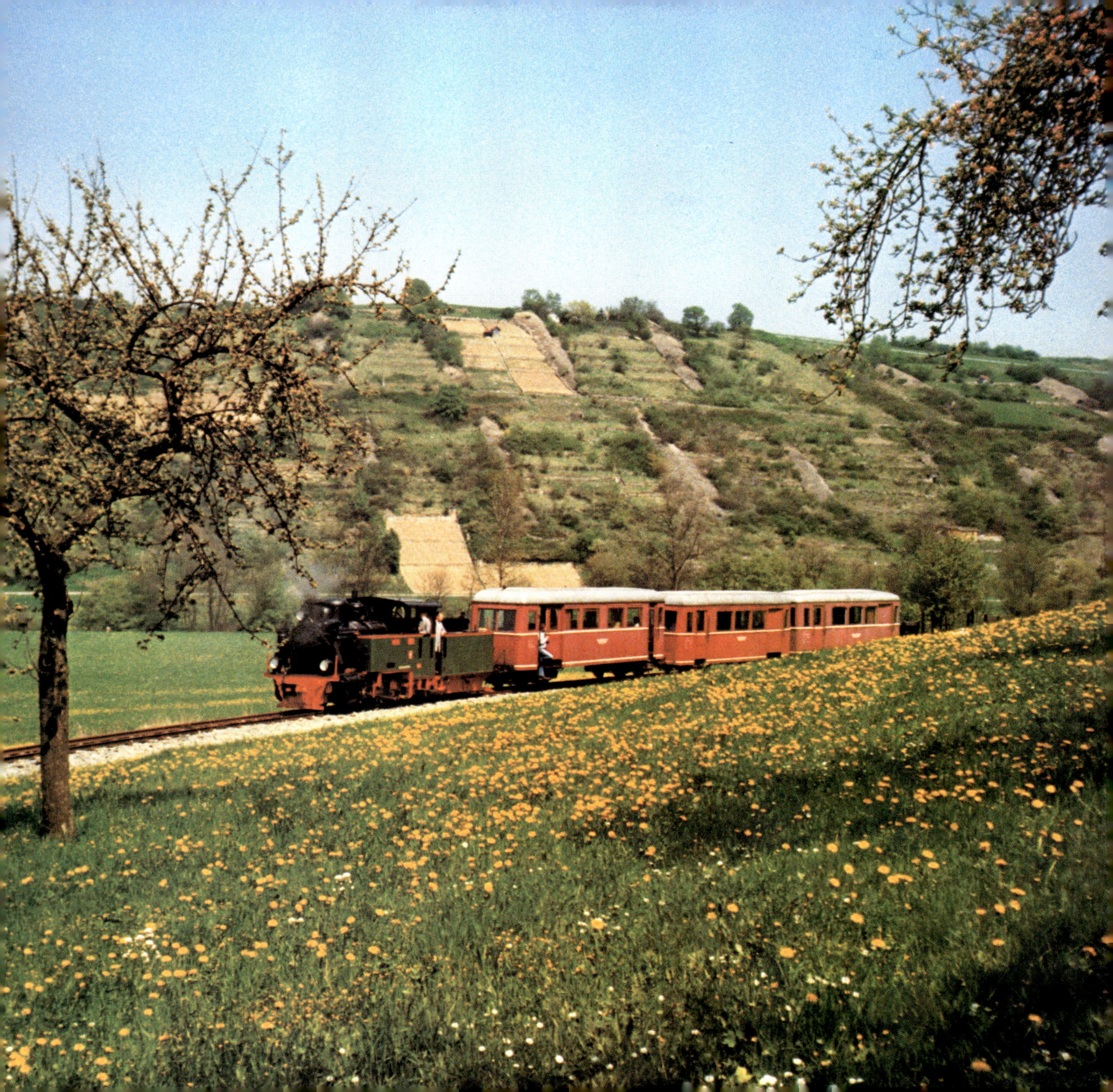

Der Hilfszug der Jagsttalbahn brauchte am 1. Juli 1982 nicht auszurücken.

Sonderzug am 1. Juli 1982.
Hier am Regler: Rolf Ertmer (REPA).

Vorgriff auf zukünftige Sondereinsätze während der Rüben-Kampagnen? Jagsthausen am 3. Oktober 1982.

Rechts:
Kleine Lok auf großer Brücke am 1. Juli 1982.

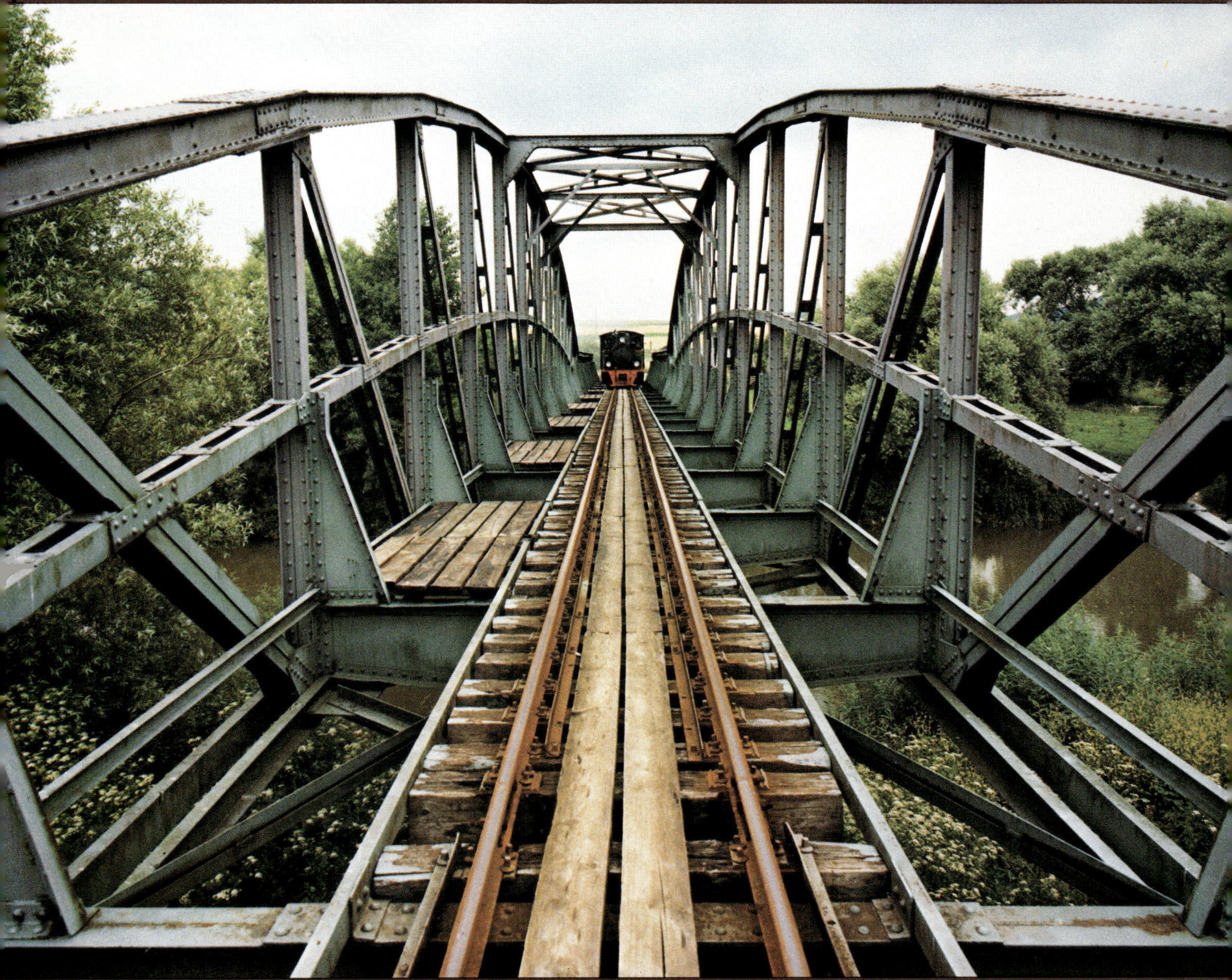

30. Mai 1982: Man hört den Achtungspfiff (der ehemaligen 01 150-Pfeife), man sieht die wirbelnden Stangen und Kurbeln. Und schon rollt »FRANK S« mit einem der vielen Sonderzüge des Sommers 1982 vorbei.

Rechts: Hochsommer 1982.

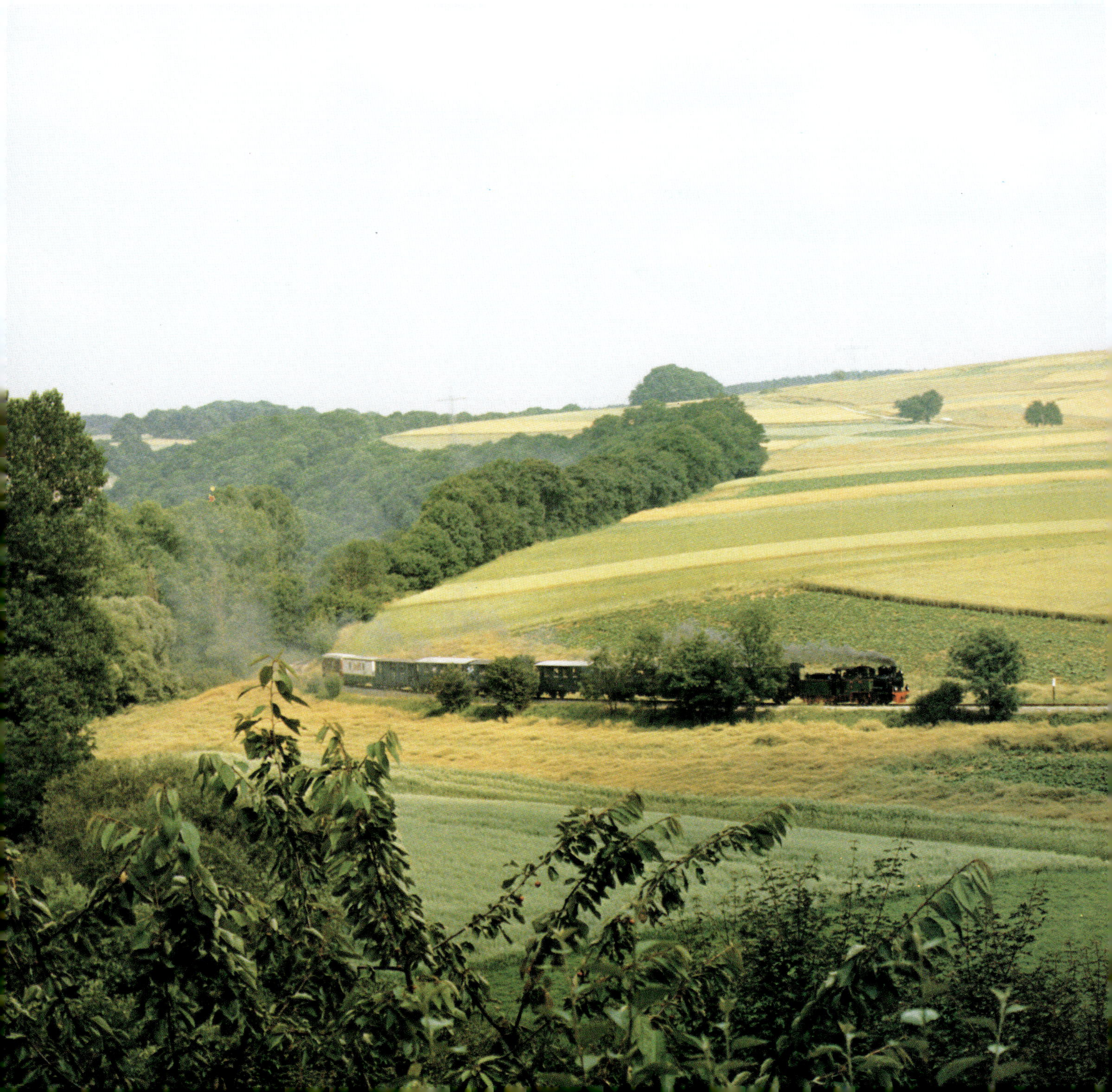

Oben:
Zum Schmalspur-Spektakulum Pfingsten 1983 ließ es sich die SWEG nicht nehmen, mit ihren modernsten Triebwagen nach Möckmühl zu kommen.

Links:
»FRANK S« als Fernsehstar für das ZDF.

Rechte Seite oben:
Planzug der DGEG, bespannt mit »FRANK S« in Krautheim.

Rechte Seite unten:
Tender voraus von Möckmühl nach Dörzbach.

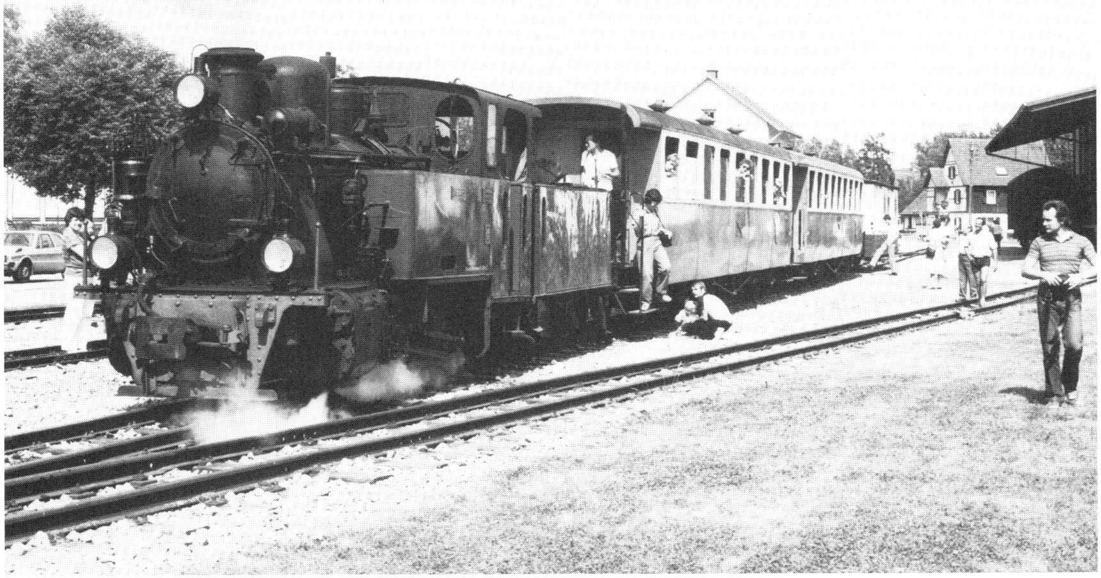

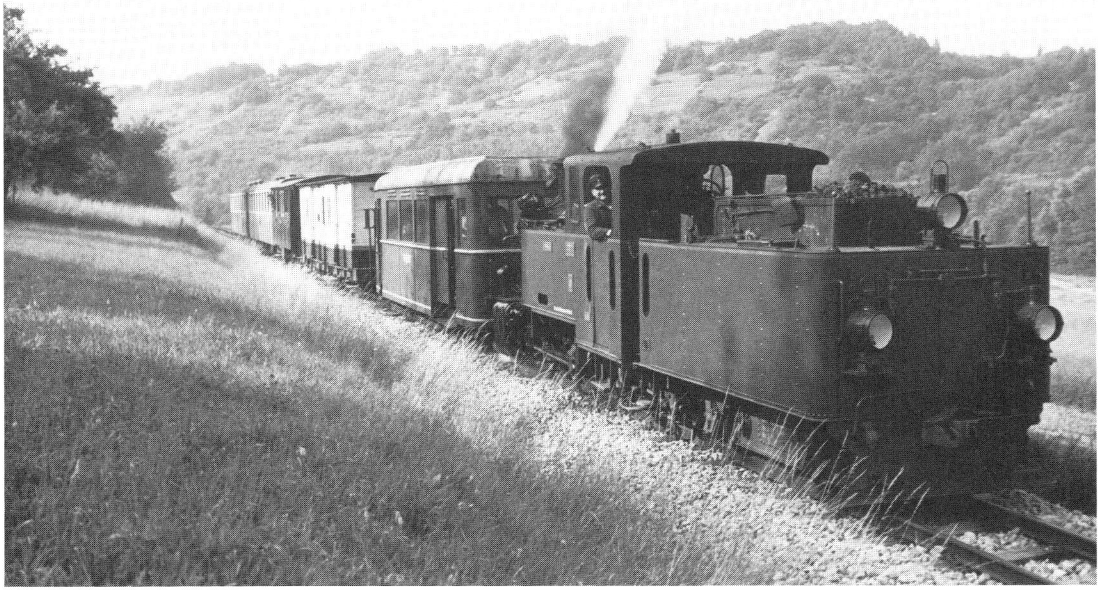

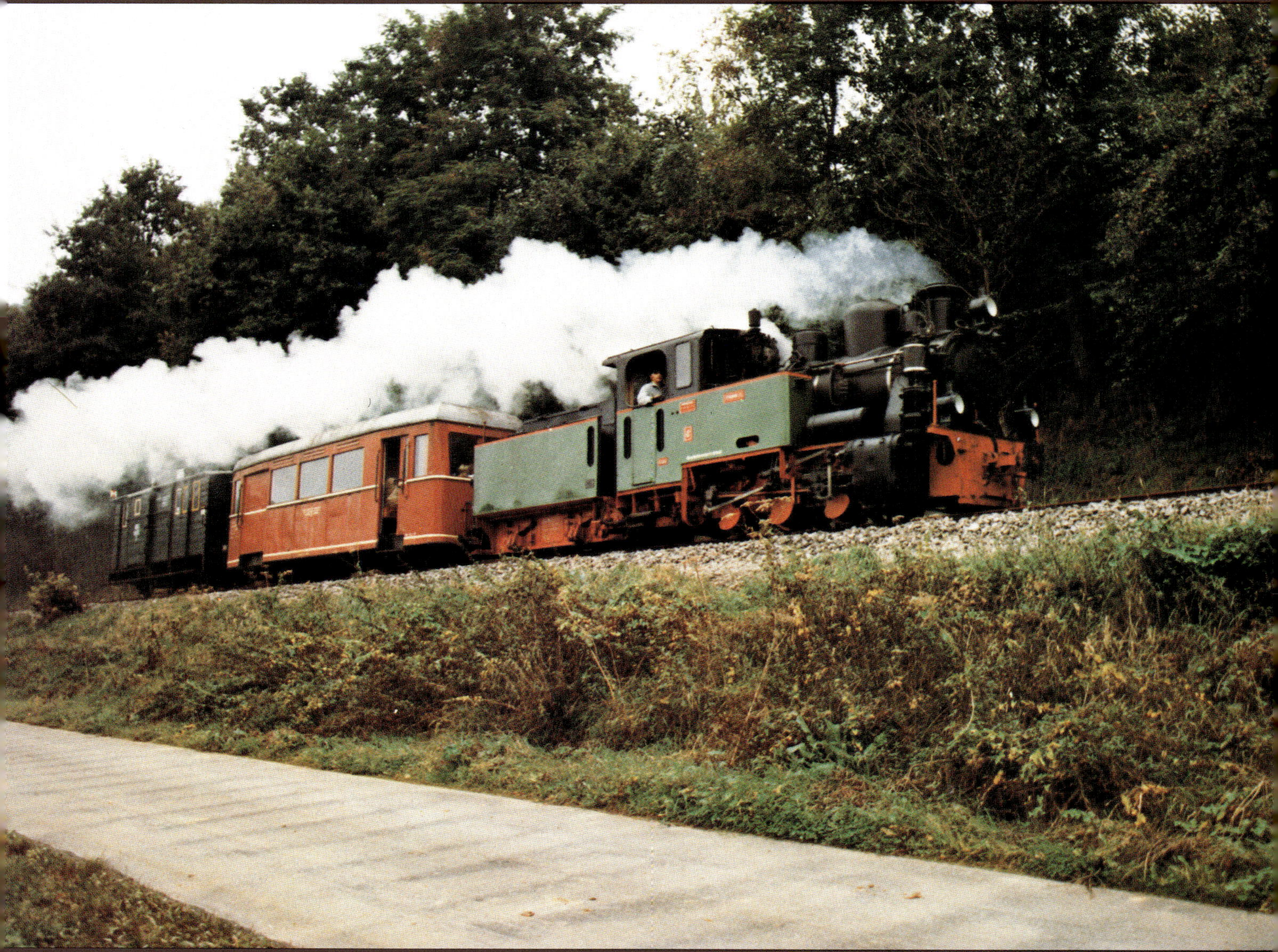

Linke Seite:
Lokführer Maier hat es eilig auf dem Weg nach Möckmühl.

Oben:
Betriebsausflug des Vereins »Dampfkleinbahn Mühlenstroth« ins Jagsttal am 2. und 3. Juli 1983.

Rechts:
Und ist der Sonderzug auch klein, der Durst der Lok ist stets groß! Wassernahme in Westernhausen.

150 Jahre Deutsche Eisenbahnen

Die beiden Großereignisse im Jubiläumsjahr 1985 der deutschen Eisenbahn werden vielen Eisenbahnfreunden unvergeßlich bleiben: die Paraden in Nürnberg und die Fahrzeugschau in Bochum-Dahlhausen. Zusammen lockten sie mehr als eine halbe Million Besucher an. »FRANK S« war als einzige Schmalspur-Dampflok dabei. In Nürnberg fuhr sie als Ladegut auf einem Güterzug und in Bochum-Dahlhausen stand sie vor einem Schmalspurzug auf einem eigens hergerichteten 750-mm-Gleisstück. Wir Jagsttalbahner waren natürlich sehr stolz auf diese schöne Auszeichnung für unsere Lokomotive!

1835–1985
150
JAHRE
DEUTSCHE
EISENBAHNEN

Führerstand der »FRANK S« während der DKBM-Zeit.

Bauart	Cn2 + 2T6
Hersteller	Henschel & Sohn, Kassel
Steuerung	Heusinger
Bremse	Knorr-Druckluftbremse Wurfhebel-Handbremse,
Zylinderdurchmesser	300 mm
Kolbenhub	350 mm
Kesselüberdruck	12,75 bar (13 at)
Rostfläche	0,725 m²
Gesamtheizfläche	34 m²
Heizrohre	98 Stück; 39,5/44,5/2200 mm
Leergewicht	Lok 14200 kg, Tender 4500 kg
Dienstgewicht	Lok 17000 kg, Tender 12500 kg
Reibungsgewicht	17000 kg
Wasservorrat	6,6 m³
Kohlevorrat	2300 kg
Zugkraft	42674 N (4350 kp)
Höchstgeschwindigkeit	30 km/h

◀ FRANK S.

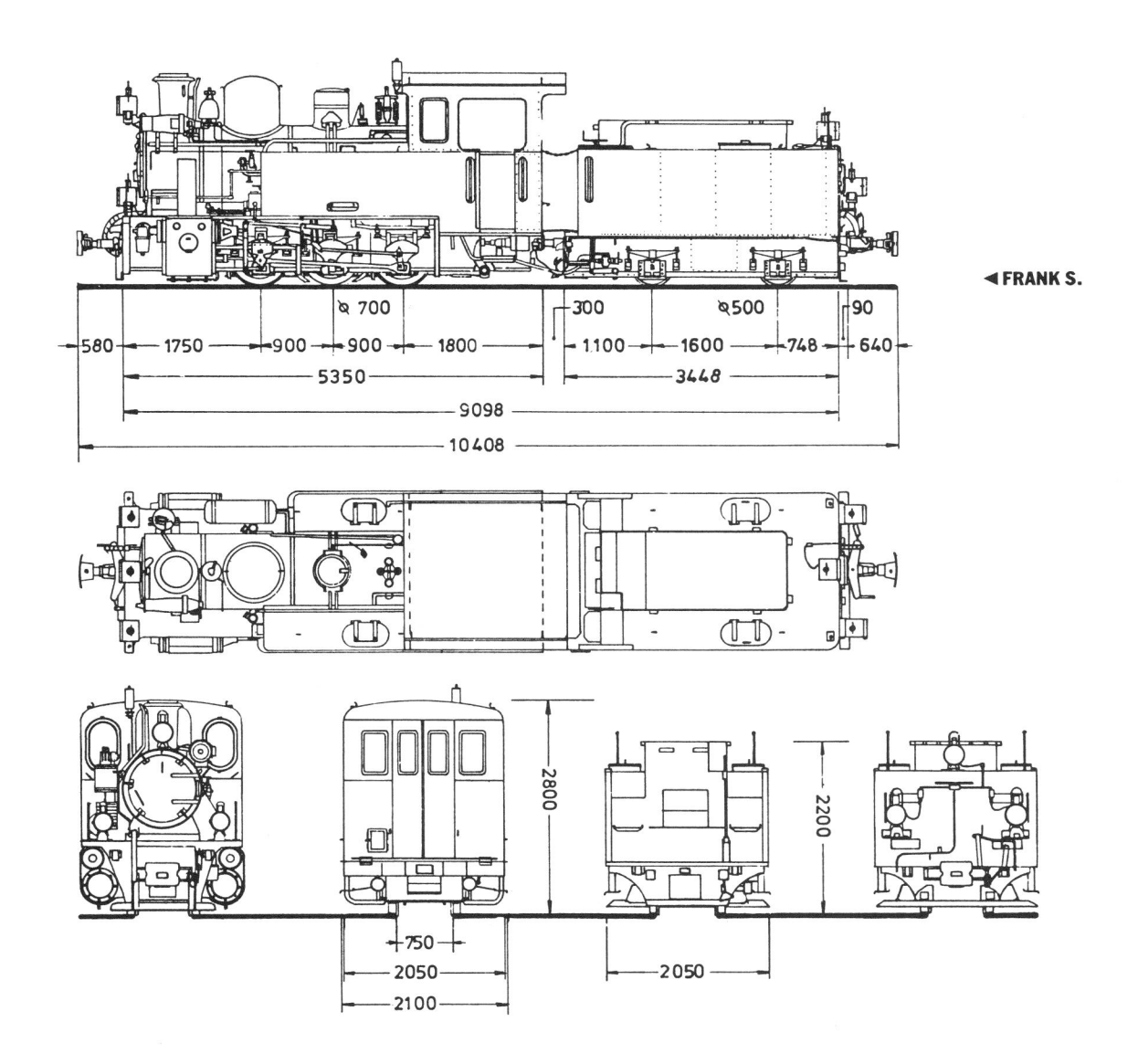

HENSCHEL
Nr 25 982 — 1941 —
HENSCHEL & SOHN KASSEL

NICKI S

Lok NICKI S

Fabrik-Nr. 25 982

1941	gebaut und geliefert von Henschel & Sohn, Kassel
bis 1945	Heeresfeldbahn Nr. HF 25 982, Einsatz auf der Übungsfeldbahn Rehagen-Klausdorf
1945	Anfang des Jahres Transport nach Mittersill/Österreich
1946 - 1948	abgestellt in Zell am See (Pinzgauer Lokalbahn)
23.9.1948	Überführung nach Bregenz/Vorkloster
9.48 - 11.48	Instandsetzung in Bregenz
11.48 - 2.1952	Einsatz auf der Bregenzerwaldbahn Bregenz – Bezau als ÖBB 798.101
2.1952 - 9.1955	abgestellt in Bregenz
1.10.1955	Transport nach Waidhofen (Ybbs), dort abgestellt
1.7.1958	Transport nach Obergrafendorf, abgestellt
20.9.1972	Ausmusterung durch ÖBB, verkauft an Firma Spranger & Büll, Hamburg
9.72 - 3.1980	abgestellt in Hamburg
29. 1. 1980	verkauft
1.4.1980	Überführung zur Dampfkleinbahn Mühlenstroth, dort abgestellt
1983 - 1984	Hauptuntersuchung bei der Teutoburger Wald-Eisenbahn in Lengerich
7.3.1984	Taufe auf den Namen »NICKI S«
21.3.1984	Transport nach Dörzbach
10.4.1984	Abnahme und Probefahrt Dörzbach – Westernhausen – Dörzbach

Zum Andenken an das ehemalige Bundesbahn-Betriebswerk Ottbergen mit seinem Werkmeister Fritz Dee trägt »NICKI S« ab 1986 die Dampfpfeife einer Ottbergener 44. Damit hat sie akustisch den gleichen Klang wie ihre Schwester »FRANK S« mit deren ehemaliger Originalpfeife der 01 150.

km-Leistungen ab 1945

ÖBB 1949 - 1952	17.876
Jagsttal 1984	5.100
Jagsttal 1985	4.183

Mit der Henschel-Fabriknummer 25 982 ist »NICKI S« auch als Dampflokomotive (und nicht nur als Namensgeberin) eine ältere Schwester von »FRANK S«. Sie wurde Anfang 1945 mit einem aus mehreren Zügen bestehenden Transport von Heeresfeldbahnmaterial von Mellensee nach Mittersill (Österreich) gebracht. Nach 1945 wurde die Nr. 25 982 zur Zugförderungsstelle Zell am See überführt und nicht betriebsfähig dort abgestellt. Am 23. August 1948 ging die Reise der Schadlok weiter zu der von den Österreichischen Bundesbahnen betriebenen Bregenzerwaldbahn nach Bregenz-Vorkloster. Dort wurde sie von Ende September bis November 1948 betriebsfähig hergerichtet und anschließend als ÖBB-Lok 798.101 eingesetzt. Bis Ende 1951 legte die Lokomotive 17876 km zurück. Beste Monatsleistung waren 2022 km im Oktober 1950. Ab 1951 wurde sie nur noch bei Diesellok-Ausfall angeheizt, letztmals im Februar 1952.

Das ÖBB-Betriebsbuch belegt, daß 1950 das leistungsstärkste Jahr der 798.101 war.

September 1949: Die ehemalige Heeresfeldbahnlokomotive HF 25 982 als BBÖ 798.101 in Bregenz-Vorkloster.

Oben:
12. Juni 1970: ÖBB 798.101 abgestellt auf dem „Lokfriedhof Ober-Grafendorf".

Rechts:
Besuch in Ober-Grafendorf durch Herrn Spranger, Hamburg. Am 20. September 1972 wurde 798.101 von der ÖBB ausgemustert und an die Firma Spranger & Büll, Hamburg, verkauft.

Abgestellt vor den Toren Hamburgs auf einem Platz für Baumaschinen. So sah die heutige »NICKI S« am 4. April 1979 aus.

Links:
Eintreffen bei der DKBM im Morgengrauen des 1. April 1980.

Unten:
Auf einem kurzen 750-mm-Gleisstück wurde die Lok abgestellt.

Links: Sommer 1980: „Angeschwärzt" und damit äußerlich schon ein wenig hübscher geworden.

Unten: Die Lok war für den 85-Tonnen-Kran nur ein Spielzeug, als sie für den Transport nach Lengerich verladen wurde.

*Während der Aufarbeitung in Lengerich.
Alle Armaturen sind neu!*

Kesselabnahme am 7. März 1984 in Lengerich. Die Mitarbeiter der TWE-Hauptwerkstatt dürfen stolz sein auf ihre Arbeit.

Wieder unter Dampf! Dipl.-Ing. Manfred Leniger, Leiter des TÜV Paderborn, Betriebsleiter Wilhelm Beckmann, TWE (rechts) und TWE-Mitarbeiter Bovenschulte während der Kesselabnahme am 7. März 1984.

Namensgeberin Nicole am 7. März 1984: „Ich taufe Dich auf den Namen »NICKI S« und wünsche Dir allzeit gute Fahrt!".

21. März 1984: In einem Güterzug erreicht »NICKI S« den Bahnhof Osterburken. Dort wird der Waggon gedreht, damit die Lok im Jagsttal „bergwärts" schaut.

23. März 1984: Nur noch knapp 2 Meter Höhendifferenz – dann steht »NICKI S« auf den Gleisen.

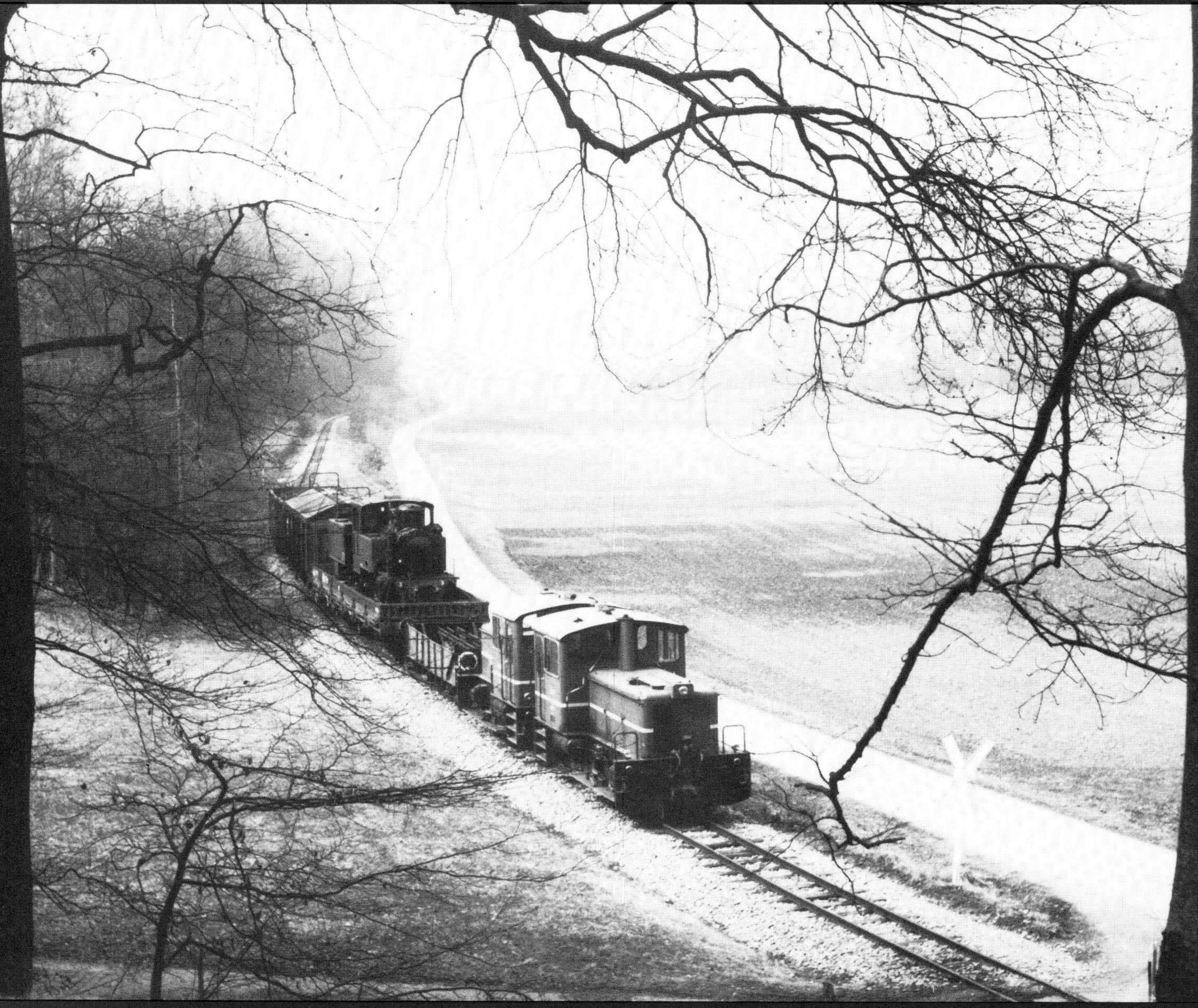

Links:
Aufgeschemelt von Möckmühl nach Dörzbach: erste Fahrt hinter dem „Krokodil" (= Diesel-Loks V 22.01 und V 22.02).

Rechts:
»NICKI S« hat soeben ihre Bremsprobe bestanden: am 10. April 1984.

11. April 1984: Ein denkwürdiges Datum! Erstmalig seit 1945 (in Rehagen-Klausdorf als Heeresfeldbahnloks 25 982 und 25 983) standen die beiden Henschel-Schwestern gleichzeitig unter Dampf. Als Hinweis auf ihre Staatsbahnzugehörigkeiten nach dem Krieg tragen sie jetzt auf ihren Tendern die damaligen Nummern: 798.101 für die ehemalige ÖBB-Lok und heutige »NICKI S« und 99 4652 für die ehemalige Reichsbahnlok und heutige »FRANK S«.

Rechts:
»NICKI S« und der neue „Erstkläßler" der Jagsttalbahn bei einer Probefahrt. Der ehemalige SGA-Packwagen Nr. 163 (Baujahr 1889) erhielt 1983 einen neuen 1.-Klasse-Aufbau.

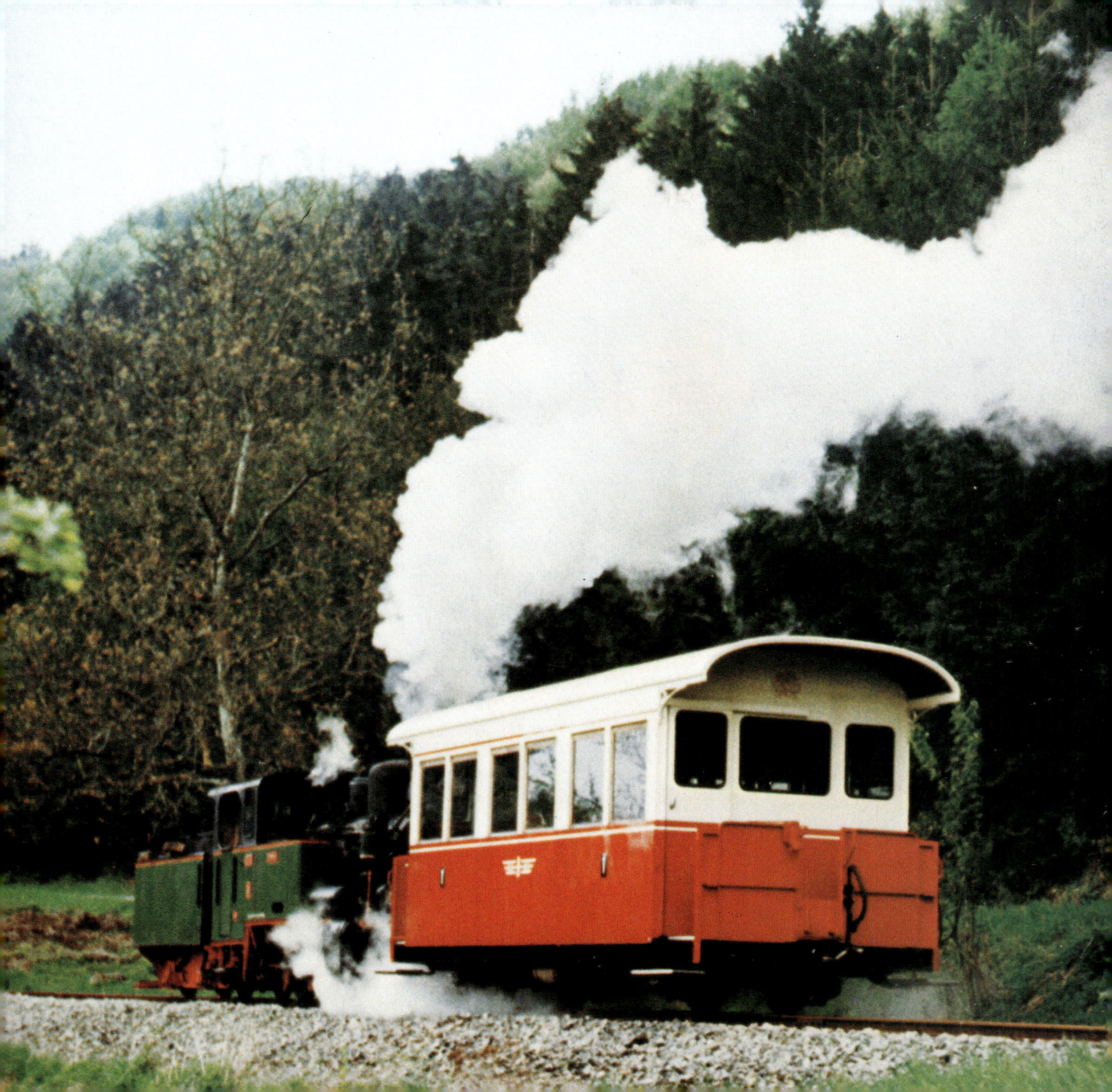

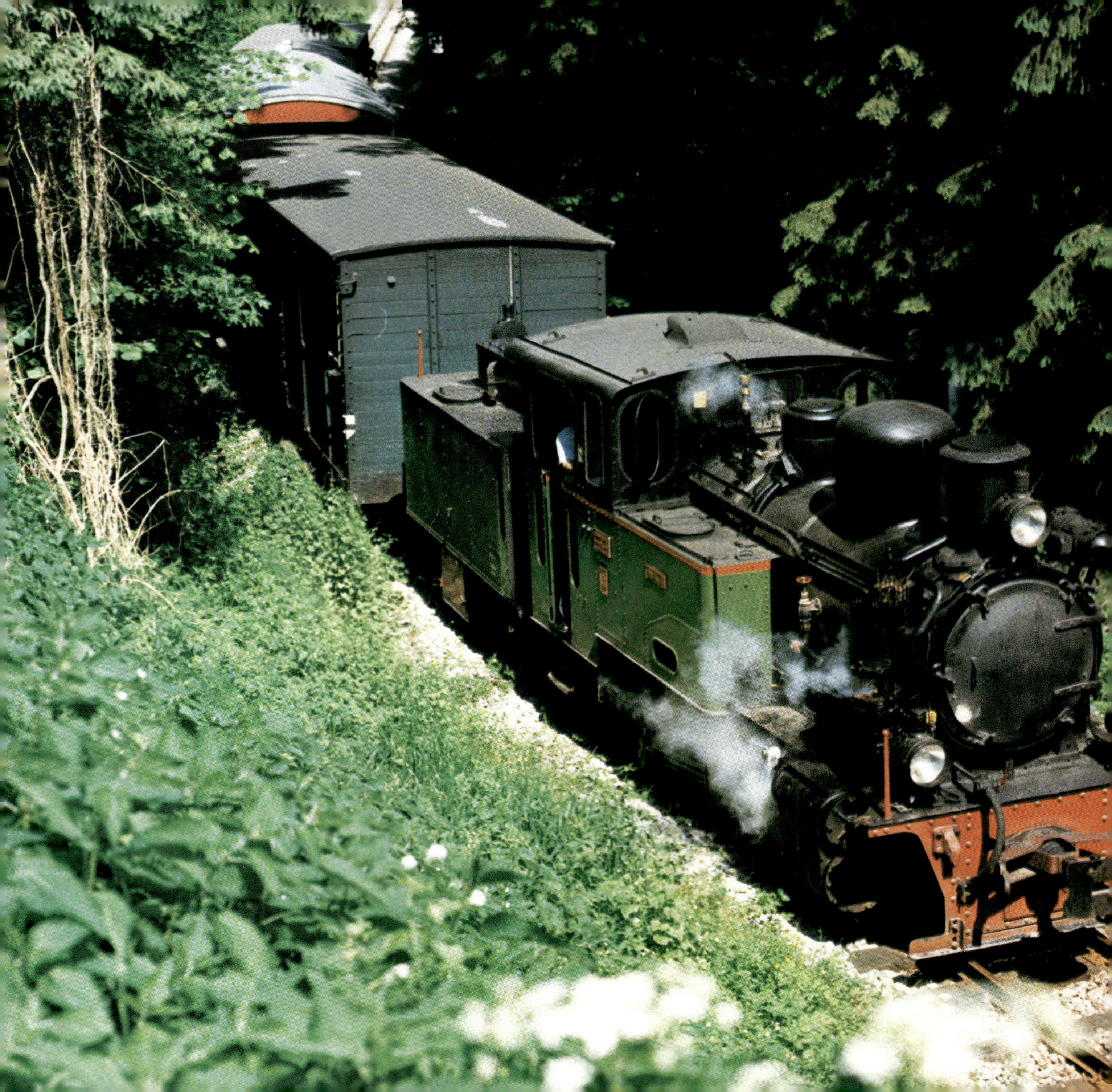

Pfingsten 1985.

◀▲ NICKI S.

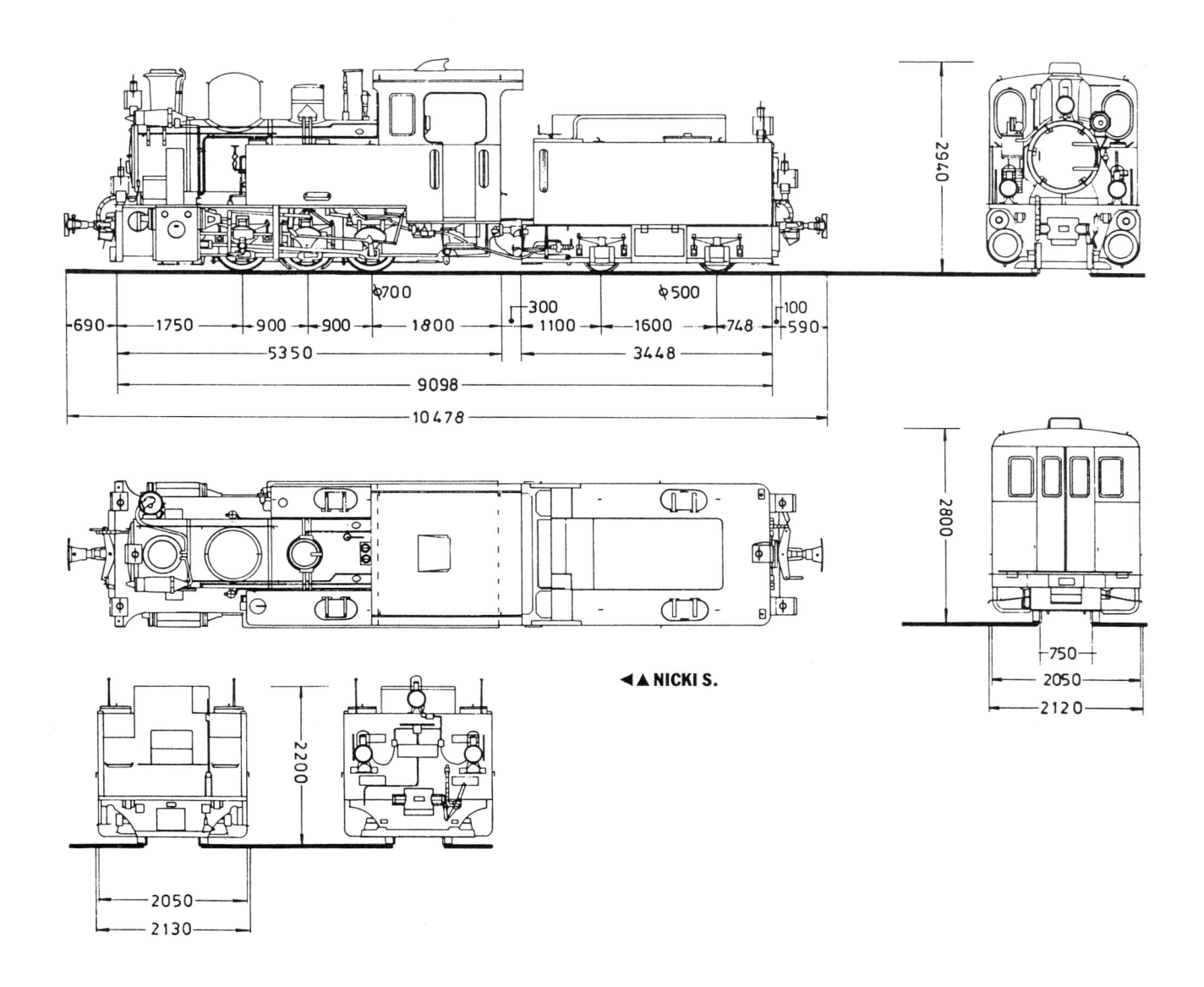

Sonstige technische Daten wie FRANK S.

BIELEFELD

HENSCHEL
Nr 25325 — 1942 —
HENSCHEL & SOHN KASSEL

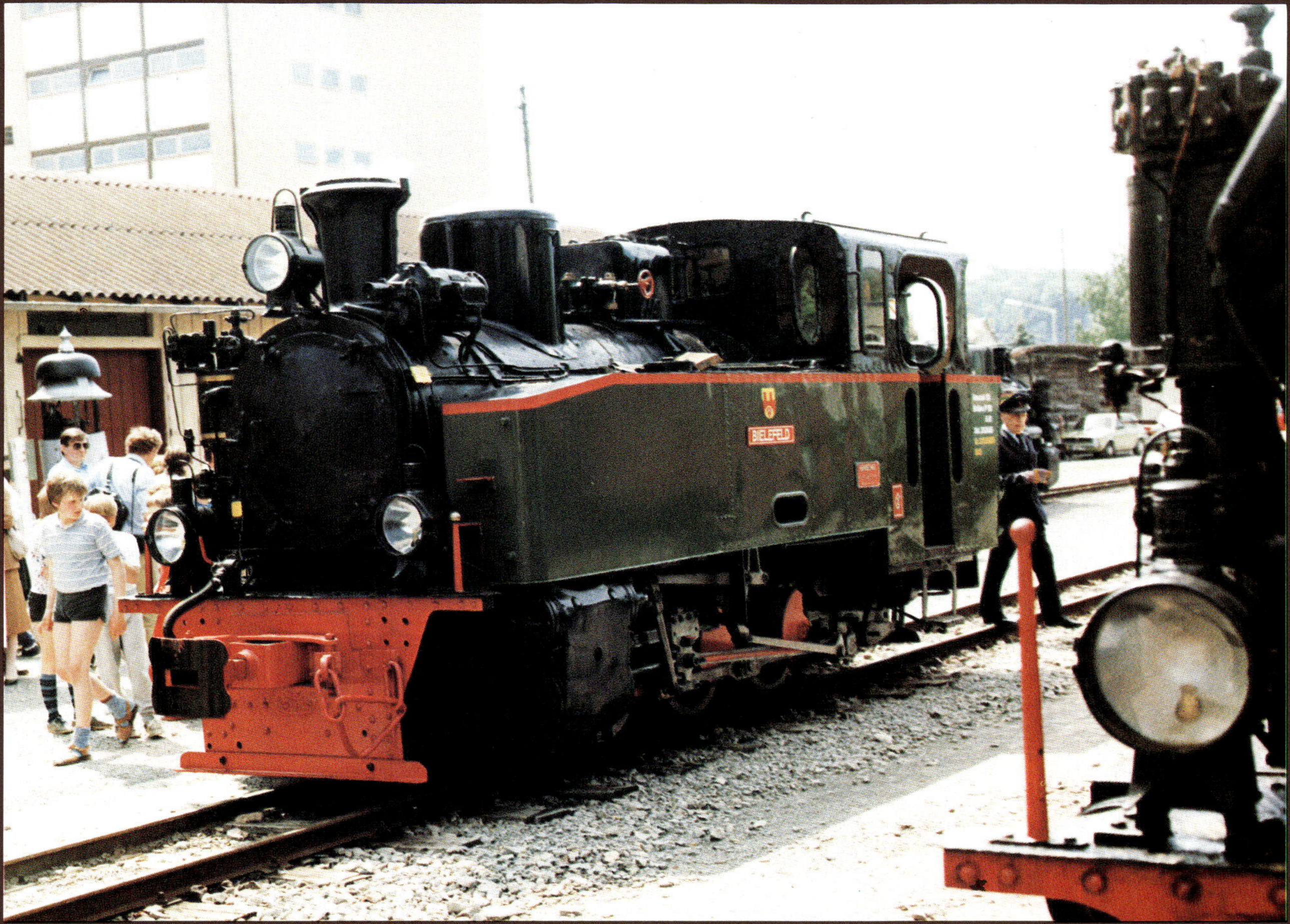
BIELEFELD

Eine der Heeresfeldbahn-Lokomotiven auf dem Märzfeld bei Nürnberg.

Vom Märzfeld nach Jugoslawien

Auf dem ehemaligen Reichsparteitagsgelände des Märzfeldes bei Nürnberg befand sich bei Kriegsende eine größere Anzahl ehemaliger Heeresfeldbahnfahrzeuge. Die Lokomotiven waren überwiegend neu und in ihren Lieferwerken nur probegeheizt. Die Anzahl ist nicht mehr festzustellen. Und auch nicht mit eindeutiger Sicherheit, woher sie kamen. Die Wahrscheinlichkeit ist groß, daß sie auf dem Weg von Rehagen-Klausdorf – oder auch von Hanau nach Österreich in Nürnberg hängenblieben. Die geplante „Alpenfestung Ostmark" blieb Wunschtraum zu einer Zeit, als die Katastrophe des nahen Kriegsendes sich abzeichnete.

Die Alliierten, in diesem Fall die Amerikaner, begannen 1947 bei Normalisierung der Verhältnisse damit, überzähliges Beutegut durch die STEG-Organisation zu verkaufen. So auch die HF-Loks. Käufer waren damals in erster Linie Bauunternehmen, Stadtverwaltungen für die Trümmerbeseitigung und auch verschiedene Kleinbahnen.

Die Münchner Bauunternehmung Alfred Kunz & Co. kaufte von der STEG am 16. Juni 1947 die Henschel 25 325 (die heutige »BIELEFELD«) und die Henschel 25 331 und am 18. Mai 1948 die Jung 10 129. Alle drei wurden für die Verwendung bei den Braunkohlengruben bei Schwandorf erworben. Aber nur 25 325 kam dort als Tenderlok zum Einsatz.

Schon am 7. Oktober 1948, also wenige Monate nach der Währungsreform, wurden die drei Loks durch Fa. Kunz & Co. - und ab 28. September 1949 auch durch Ing. Geistlich, Wuppertal, u. a. der Kreisbahn Osterode - Kreiensen angeboten. Der Neupreis wurde mit 34.000,- DM beziffert, Angebotspreis war 24.000,- DM und für den separaten Tender der 25 325 3.700,- DM.

Verkauft wurde am 27. August 1952 die Hs 25 325 durch Fa. Dittmar, Markt Berolzheim, nach Jugoslawien. Hs 25 331 und Jung 10 129 am 18. Mai 1952. Der Tender der 25 325 wurde am 18. September 1952 mit unbekanntem Ziel verkauft.

Alle drei Loks landeten bei jugoslawischen Waldbahnen: Hs 25 325 bei der Waldbahn Maglič, Hs 25 331 bei der Waldbahn Zavidovići und Jung 10 129 bei der Waldbahn Teslič. Hs 25 331 wurde 1965 verschrottet. Jung 10 129 steht heute in Samobor bei Zagreb als Denkmalslok und aus der jugoslawischen Waldbahnlok 25-325 wurde unsere heutige »BIELEFELD«.

Wichtig ist schließlich die Erkenntnis, daß von der Baureihe HF 110 3/3 während des Krieges keine Lok in Jugoslawien eingesetzt waren. Alle sieben dort nach dem Krieg aufgetauchten kamen erst später, etwa ab 1952. Als HF-Dampfloks auf jugoslawischen Schmalspurstrecken gab es während des Krieges offensichtlich nur zwei der fünf großen 1E1-Loks. Eine wurde durch Bomben vernichtet, eine überlebte: Henschel 26 167/1941 als JŽ 40-751.

Bei den meterspurigen BIELEFELDER KREISBAHNEN (BKB) hat es zwischen der Eröffnung 1901 und der Betriebseinstellung 1956 dreimal eine Lokomotive mit dem Namen »Bielefeld« gegeben. Das Foto zeigt die BKB Nr. 1 »BIELEFELD (in dritter Namensbesetzung) in Werther am Tage der Einstellung des Personenverkehrs, 13. Februar 1954..
BKB »BIELEFELD«[3] = 1Cn2t Borsig 5179/1903. 1956 verschrottet.

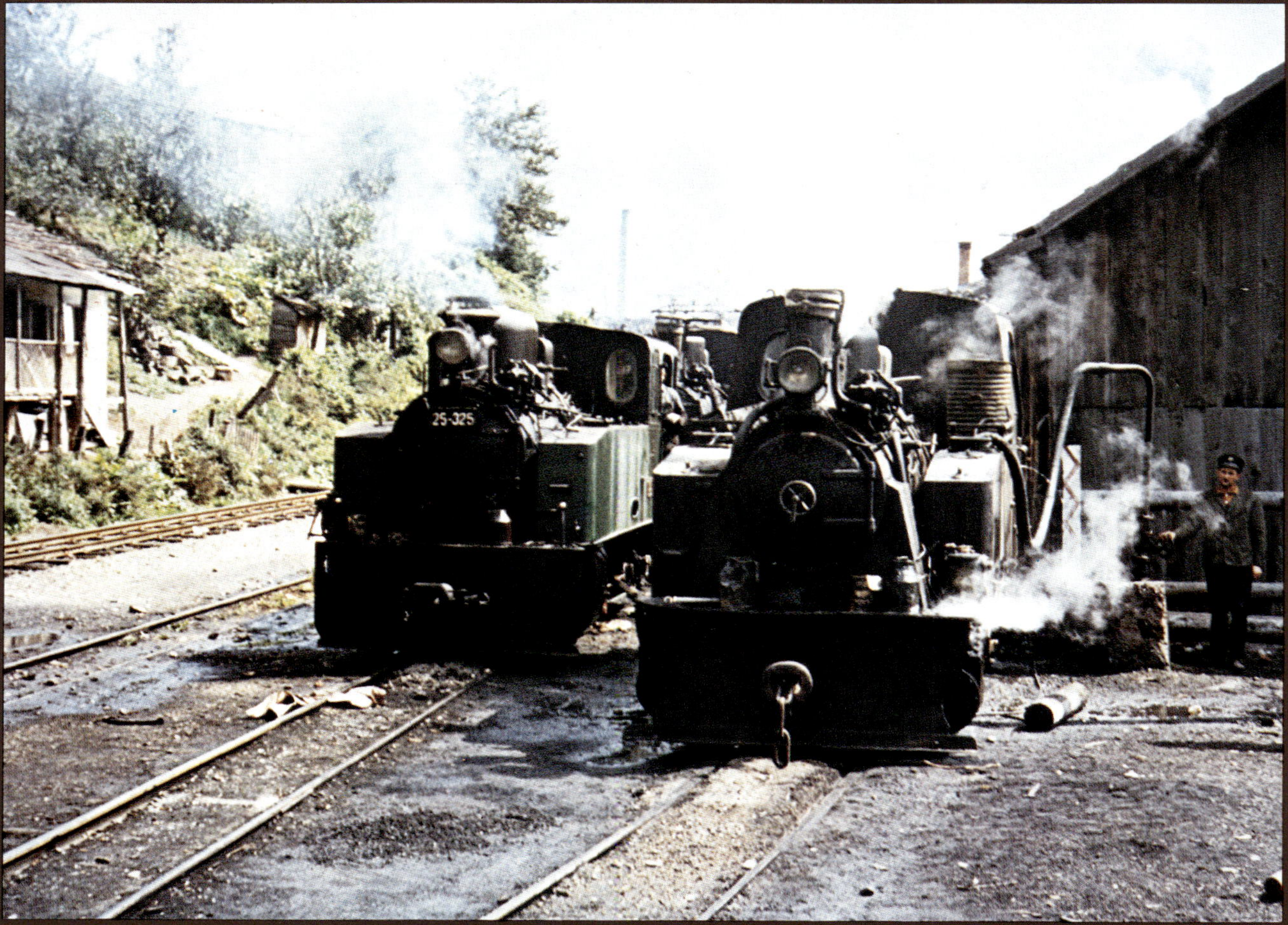
25-325

Ausschnitt aus dem jugoslawischen Betriebsbuch. Erstzulassung durch die Aufsichtsbehörde Sarajewo demnach am 2. November 1953.

Oben: Als Waldbahnlokomotive an der Verladestelle hoch oben in den Wäldern Bosniens.

Rechte Seite:
Oben: Mit einem Zug von zehn gedeckten vierachsigen Güterwagen muß sich die kleine Henschel gewaltig anstrengen!
Unten links: 25-325 auf einer Brücke. Auf dem Fluß werden Flöße für die Talfahrt zusammengestellt.
Unten rechts: Heizhaus (= Bahnbetriebswerk) Brodna Drini der Waldbahn Maglic̀ am 19. August 1972.

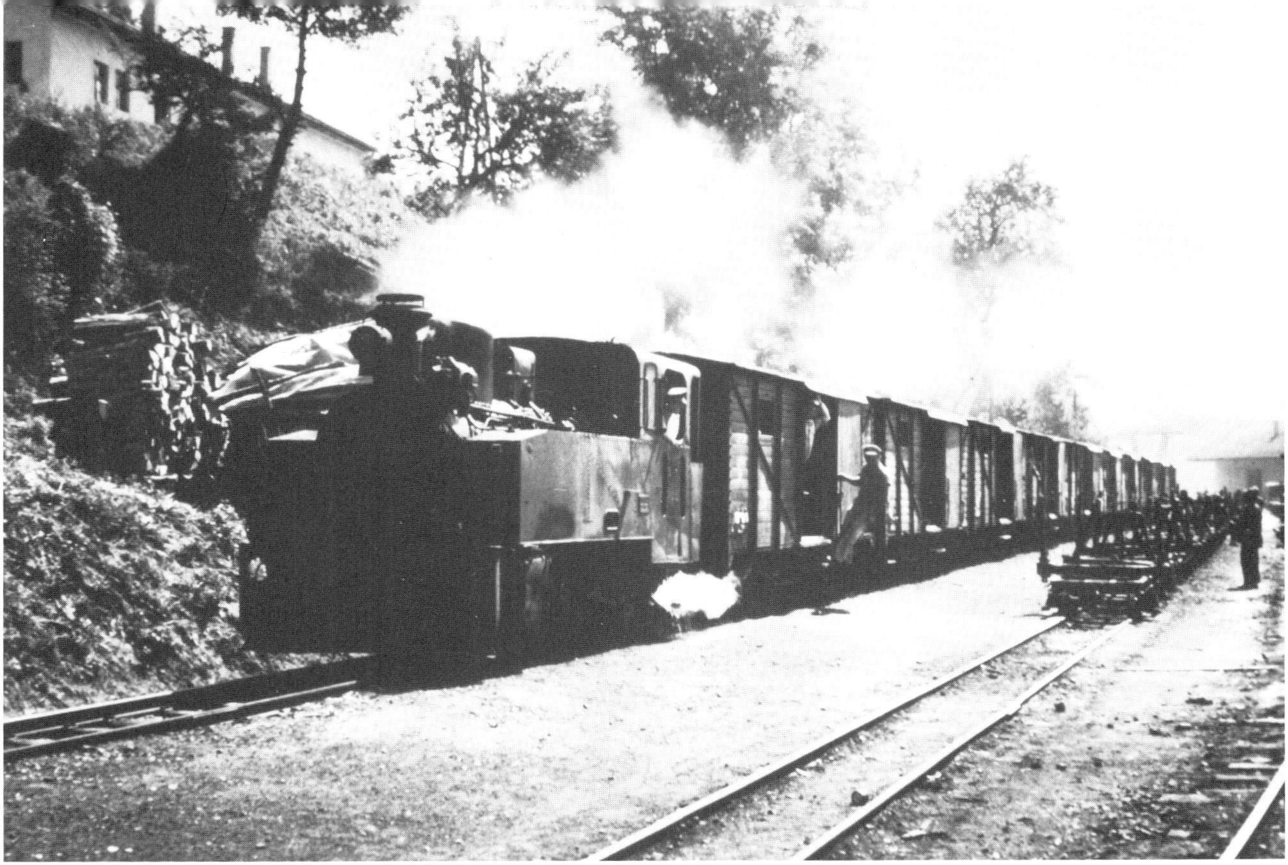

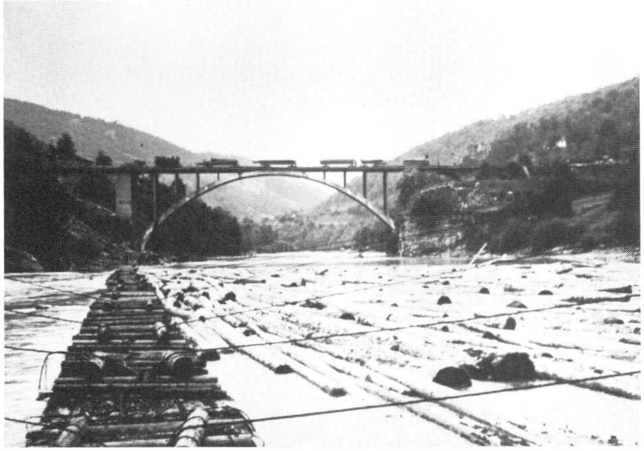

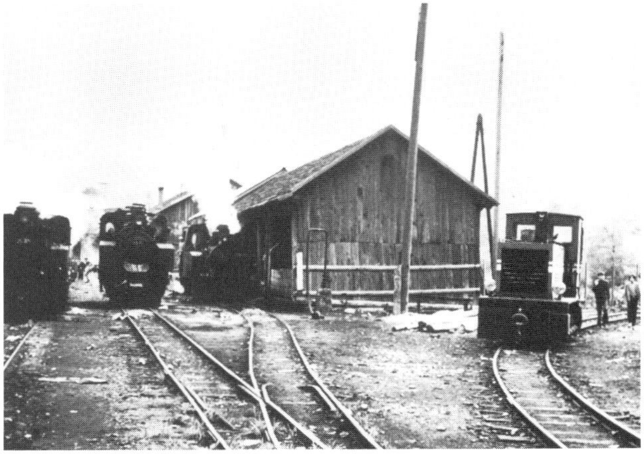

Man sieht es diesem Foto nicht an, mit welcher organisatorischen Mühe es verbunden war, die Verladung am 5. November 1981 zu ermöglichen. Endlose Verhandlungen waren vorausgegangen, und inzwischen waren die Gleise der ehemaligen Waldbahn längst abgebaut.

Abtransport per LKW zur Bahnverladung nach Sarajewo – nur 24 Stunden bevor die Pässe für fünf Monate durch Schnee unpassierbar wurden. Ab 9. November 1981 rollte sie weiter nach Österreich.

Unzmarkt/Steiermark: Ursprünglich war sie als Museumslok der geplanten Strecke der Taurach-Bahn (Tamsweg – Mauterndorf) vorgesehen. Ihr schlechter Zustand ließ es jedoch ratsam erscheinen, sie weiterzubefördern zur Hauptwerkstatt Lengerich der TWE und zur Aufarbeitung. Eine weitere Etappe ihrer Odyssee begann ...

Neuanfang in Lengerich: Der Kessel der 25 325 nach Beendigung der Hauptuntersuchung: sandgestrahlt, neu berohrt, mit zum Teil neuen Stehbolzen und vor allem mit weitgehend neuen Ventilen und Armaturen.

Während der Endmontage bei der TWE in Lengerich. Vorn gut sichtbar die einstufige Luftpumpe. Führerhaus-Reparatur und Kohlentender-Neubau wurden als Praktikumsarbeit der Auszubildenden des Bundesbahn-Bw Bielefeld unter Leitung ihrer Ausbilder durchgeführt.

Die neubereiften „Füße" der »BIELEFELD« sind zugleich die früheren der »FRANK S«: 1982 wurden sie getauscht.

Auf dem Weg von Möckmühl nach Dörzbach.

Die Neubestimmung des Achsdruckes der »BIELEFELD« war in Lengerich nicht möglich. Rechtzeitig vor der Abnahme in Dörzbach halfen die Beamten der Autobahnpolizei-Dienststelle Weinheimer Kreuz aus: mit LKW-Achsdruckwaagen konnte Klarheit geschaffen werden.

Oben: Taufe der »BIELEFELD« in Dörzbach am 24. Mai 1985. Erstmals nun drei HF-Loks gleichzeitig unter Dampf! Unten links: Dipl.-Ernst Strobl, oberster Betriebsleiter der SWEG, hielt die Tauf-Ansprache. Unten rechts: Frank und Annette Braun, Kinder des Jagsttalbahn-Betriebsleisters Hermann Braun, wünschten „allzeit gute Fahrt!". Hier Annette bei der Entblößung des Namensschildes.

Abnahme-Probefahrt zusammen mit »NICKI S« und einem langen Sonderzug mit geladenen Gästen am 24. Mai 1985.

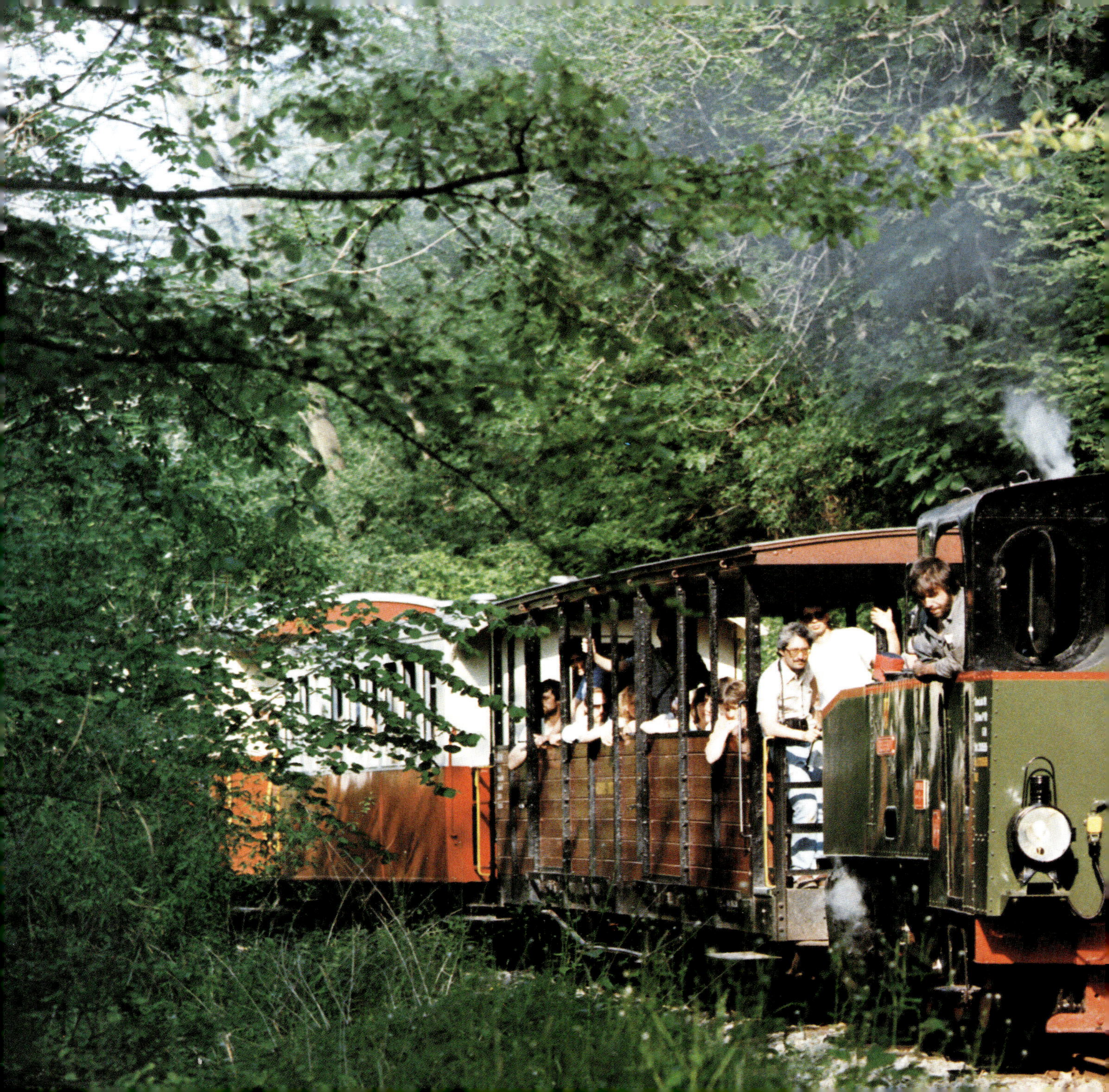

Pfingsten 1985.

80

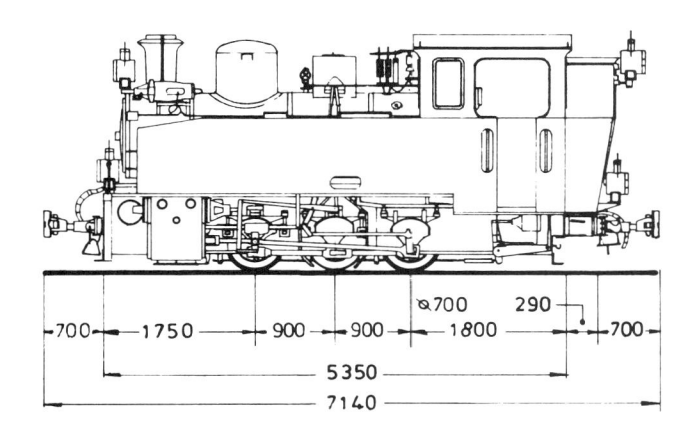

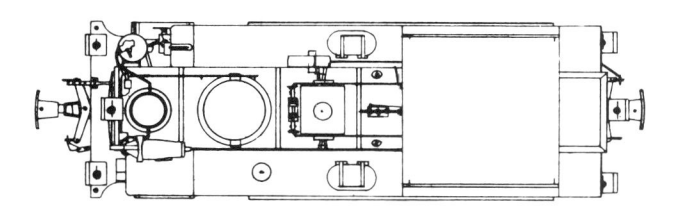

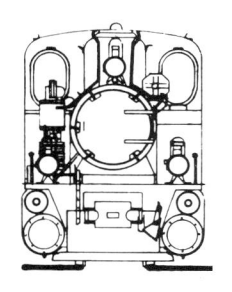

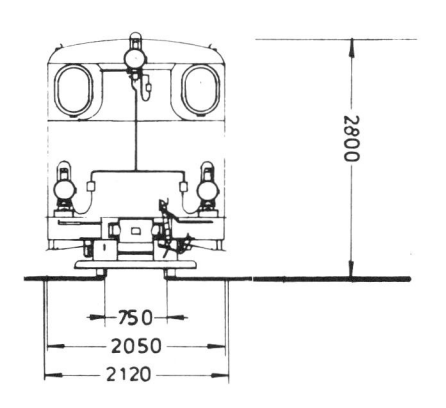

Dampflokomotive »BIELEFELD«

Technische Daten (1985)
Henschel Fabrik-Nr. 25 325
Bauserie Fabrik-Nr. 25 322 - 361
Baujahr 1942
Heeresfeldbahnbezeichnung Typ HF 110 3/3
Bauart   C n2t

Spurweite	750 mm
Länge über Puffer	7140 mm
Breite	2100 mm
Höhe	2880 mm
Leergewicht	15.100 kg
Dienstgewicht	17.730 kg
Brennstoff	730 kg
Wasservorrat	1.900 kg

Alle übrigen technischen Daten wie »FRANK S« und »NICKI S«.

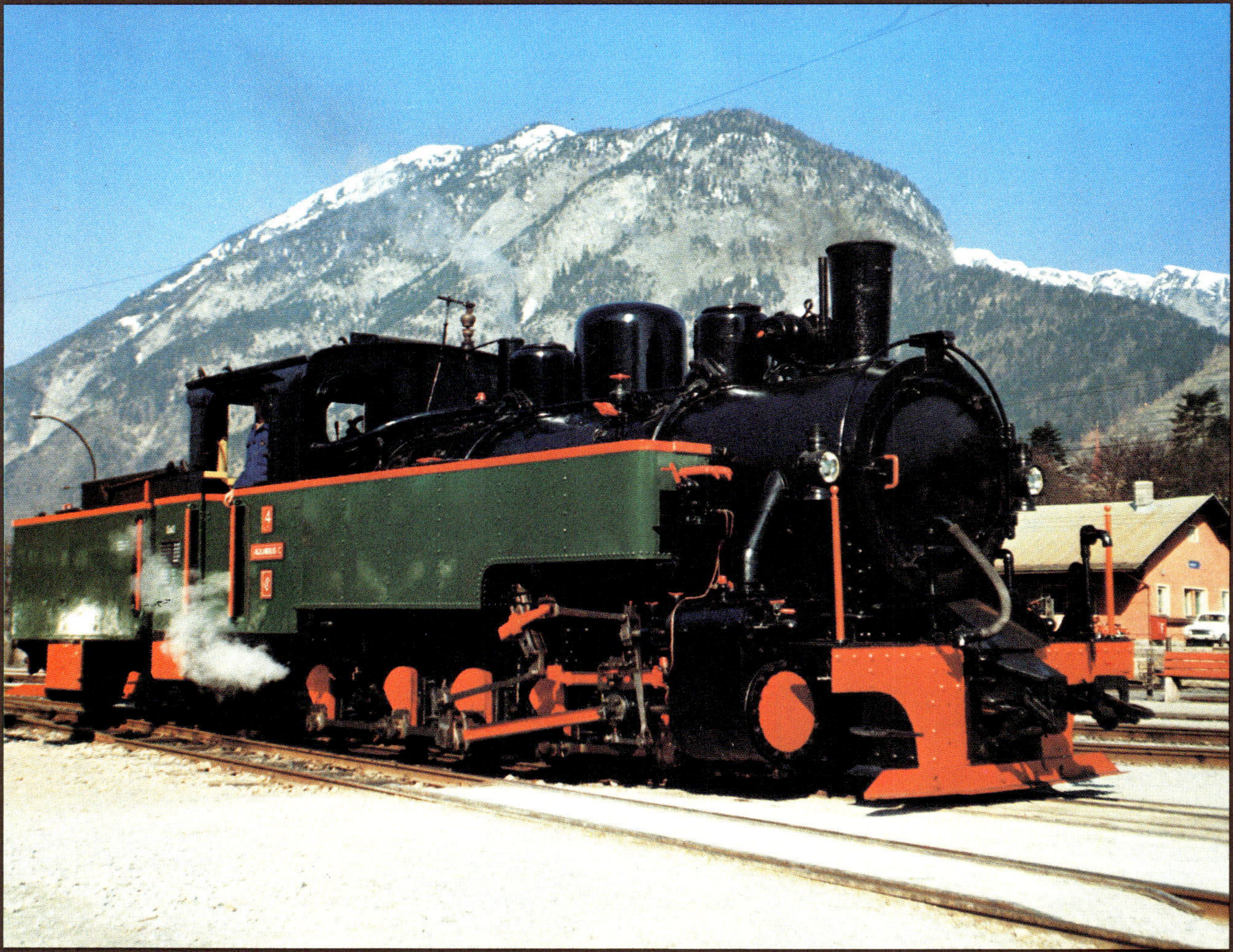

4 ZB

AQUARIUS C

Das Original-Fabrikschild. Unten rechts erkennbar der Stempel des damaligen Waffenprüfamtes 5 (Wa Prüf 5).

LOK »ZB 4 AQUARIUS C«

Fabrik-Nr. 14 806

1939	gebaut und geliefert von Borsig Lokomotivwerke, Hennigsdorf-Berlin, für Heeresfeldbahnen
8.6.1939	Kesseldruckprobe durch TÜV Berlin (= „Geburtsdatum!")
Herbst 1939	Inbetriebnahme durch Waffenprüfamt 5 (WaPrüf 5) HF-Nr. 191
Oktober 42-März 1943	Heeresfeldbahneinsatz mit Eisenbahn-Baubataillon 512 auf HF-Bahn Tuleblja – Demjansk (Sowjetunion)
bis 1945	Heeresfeldbahnlok
Januar/Februar 1945	mit Transport von Heeresfeldbahnmaterial nach Mittersill/Pinzgauer Lokalbahn. Dort zu alliiertem Beutegut geworden.
1945 - Oktober 1957	12 Jahre Personenzuglok bei Salzkammergut-Lokalbahn als Betriebsnummer 22.
1958 - 1972	14 Jahre Güterzuglok bei der Zillertalbahn als Betriebsnummer ZB 4
27.10.1968	Taufe durch britische Zillertalbahnfreunde auf den Namen ZB 4 »CASTLE CAEREINION«
1973	Grundüberholung
ab 8.4. 1974	5 Jahre als Sonderzuglok für EUROVAPOR auf der ÖBB-Schmalspurstrecke Bregenzerwald/Vorarlberg bis zu deren Stillegung Mai 1980

22.12.1980	Von Zillertalbahn AG. verkauft
3.1981	Umbeheimatung nach Jenbach/Zillertal. Anschließend äußere Aufarbeitung
14.9.1981	Probefahrt nach Mayrhofen und zurück
1981 - 1982	diverse private Sonderfahrten im Zillertal. Neuer Name: ZB 4 »AQUARIUS C«
5.10.1982	Ausbau des Kessels
1. Quartal 1983	Kessel nach Knittelfeld/ÖBB-Hauptwerkstatt zur Untersuchung
Oktober 1984	Transport der Restlok nach Lengerich zur TWE-Hauptwerkstatt
1984/86	Grundüberholung Kessel, Dampfmaschine und Fahrwerk. Einbau einer Druckluftbremsanlage bei TWE.
April 1986	Transport zur Jagsttalbahn
23.4.1986	Probefahrt Dörzbach – Schöntal – Dörzbach
24.4.1986	Inbetriebnahme

Eine Österreicherin im Jagsttal

Die heutige ZB 4 »AQUARIUS C« ist von Geburt eine waschechte Preußin: 1939 wurde sie in Berlin von Borsig gebaut. Auch während ihres aktiven Dienstes bis 1945 für die Heeresfeldbahnen blieb sie deutsch. Doch mit den Wirren des Kriegsendes verschlug es sie nach Österreich. Sie wurde alliiertes Beutegut und als solches noch 1945 von den Amerikanern an die Salzkammergut-Lokalbahn verkauft. 38 Jahre lang, bis 1983, stand sie ausschließlich in Österreich unter Dampf: im Salzkammergut, im Zillertal, im Bregenzerwald und wieder im Zillertal. Und dennoch kam sie, zumindest vorübergehend, 1984 nach Deutschland in die Bundesrepublik. Kaufmännisch-praktische und organisatorische Überlegungen ließen die Hauptuntersuchung von Kessel, Dampfmaschine und Fahrwerk in Lengerich bei der Teutoburger Wald-Eisenbahn –Hauptwerkstatt– geraten erscheinen.

Und zukünftig kann sie vor den Plan- und Sonderzügen im Jagsttal wesentlich sinnvoller genutzt werden (vor allem vor schweren Zügen). Im Zillertal wäre nur ein Einsatz im seltenen privaten Sonderzugbetrieb möglich gewesen: ihre Geschwindigkeit von max. 30 km/h ist dort heute viel zu niedrig.

Auch im Leben einer Dampflok kann man 38 Jahre nicht fortwischen. So soll die »AQUARIUS C« im Jagsttal weiterhin als Österreicherin gelten. Nicht zuletzt, um die guten Beziehungen zwischen den beiden Bahnverwaltungen zu dokumentieren. Die vielen österreichischen Eisenbahnfreunde der Lok sind herzlich eingeladen, sie dort zu besuchen. Das Nummernschild »ZB 4« wird sie auch in Zukunft am Führerhaus tragen.

Hauptabmessungen 1986

Lokomotive und Tender

Spurweite	750 mm
Zylinderdurchmesser	370 mm
Kolbenhub	350 mm
Treibraddurchmesser	700 mm
Fester Achsstand	2700 mm
Gesamt-Achsstand	3720 mm
Dampfüberdruck	13 atü
Rostfläche	1,3 m²
Heizfläche des Kessels wasserberührt	60,5 m²
Wasservorrat	2,0 m³
Leergewicht etwa	22,7 t
Dienstgewicht etwa	28,2 t
Reibungsgewicht etwa	28,2 t
Achsdruck	5640 kg
Länge einschließl. Puffer (Lok)	8195 mm
Länge einschl. Tender ü. P.	12170 mm
größte Breite	2360 mm
größte Höhe	2950 mm
Zugkraft 0,6	5340 kg
Zugkraft 0,75	6700 kg
Kleinster Krümmungshalbmesser	30 m
Größte Geschwindigkeit	30 km/h

Tender

Wasservorrat	6,0 m³
Kohlenvorrat	2300 kg
Leergewicht	4,5 t
Dienstgewicht	12,5 t

Händelsteuerung, Bauart Heusinger mit Kolbenschieber, Schmierpresse für Kolben und Schieber, Knorr-Druckluftbremse, Wurfhebelhandbremse, Feuerbüchse und Aufdornstehbolzen aus Kupfer, Außenrahmen, vordere und hintere Klien-Lindner-Hohlachse, 2 Dampfstrahlpumpen, 2 Sandkästen mit Handsandstreuer.

Elektrische Beleuchtung mit Turbogenerator 0,5 kW Leistung und je 3 Streckenlaternen vorn an der Lokomotive und hinten am Tender. Führerhausdeckenlampe, Wasserstandslaterne, Steckdosen seitlich für Handlampen, 2 Wasserstände, Gestra-Abschlammvorrichtung, Dampfheizungseinrichtung, Spindelhandbremse am Tender.

Leistungsübersicht: (Zur Heeresfeldbahnzeit 1939 – 1945)

Die Lokomotive befördert mit einer Geschwindigkeit von etwa 8 km/h folgende angehängte Lasten auf gerader Strecke bei Annahme eines Laufwiderstandes von 5 kg je t Zuggewicht:

auf Steigung	dauernd	vorübergehend	auf Steigung	dauernd	vorübergehend
1 : ∞ = 0 ‰	etwa 1040 t	etwa 1040 t	1 : 50 = 20 ‰	etwa 186 t	etwa 288 t
1 : 500 = 2 ‰	„ 734 t	„ 993 t	1 : 33⅓ = 30 ‰	„ 125 t	„ 177 t
1 : 200 = 5 ‰	„ 506 t	„ 687 t	1 : 25 = 40 ‰	„ 91 t	„ 131 t
1 : 100 = 10 ‰	„ 327 t	„ 448 t	1 : 20 = 50 ‰	„ 70 t	„ 102 t

KLIEN-LINDNER-HOHLACHSE

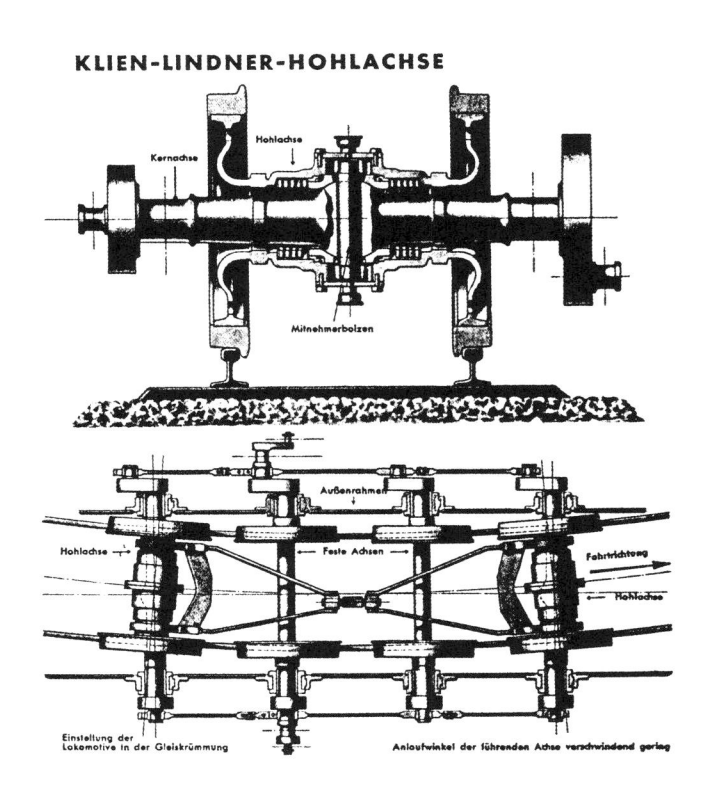

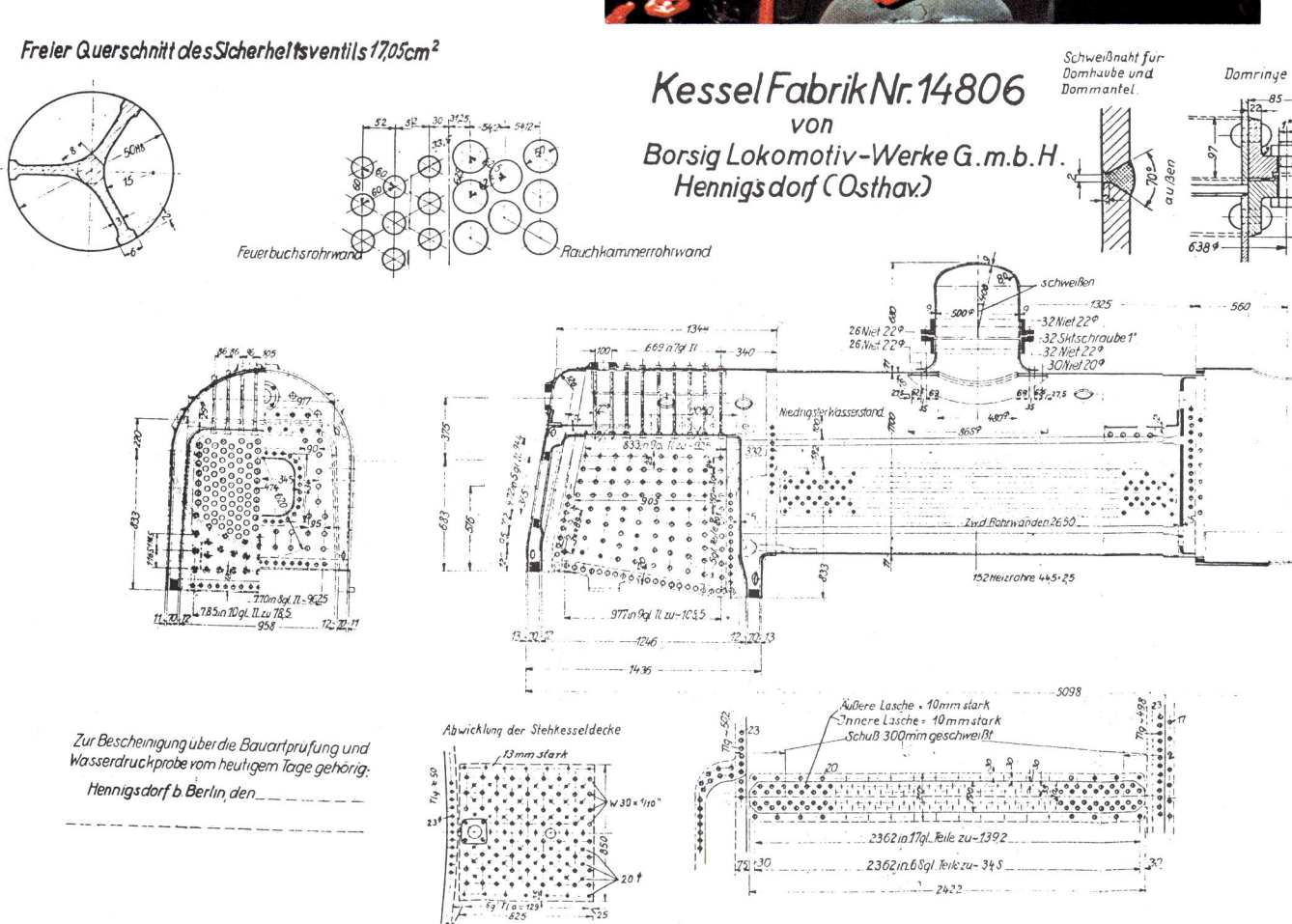

Freier Querschnitt des Sicherheitsventils 17,05 cm²

Kessel Fabrik Nr. 14806
von
Borsig Lokomotiv-Werke G.m.b.H.
Hennigsdorf (Osthav.)

Feuerbuchsrohrwand   Rauchkammerrohrwand

Schweißnaht für Domhaube und Dommantel.   Domringe

Zur Bescheinigung über die Bauartprüfung und Wasserdruckprobe vom heutigen Tage gehörig:
Hennigsdorf b. Berlin, den _____

Abwicklung der Stehkesseldecke

Äußere Lasche = 10 mm stark
Innere Lasche = 10 mm stark
Schuß 300 mm geschweißt

Antragsteller: __Borsig Lokomotiv-Werke G.m.b.H.__   Akten-Nr. __3895__
               __Hennigsdorf__   Heizfläche __54__ m²

Bescheinigung

über die

Wasserdruckprobe eines __beweglichen__ Dampfkessels.

Der mit nachstehenden Angaben auf dem Fabrikschilde bezeichnete Dampfkessel:

    festgesetzte höchste Dampfspannung: __13__ Atmosphären Überdruck

    Name und Wohnort des Fabrikanten: __Borsig Lokomotiv-Werke G.m.b.H.__
    __Hennigsdorf - Osthavelland__

    laufende Fabriknummer: __14806__   Jahr der Anfertigung: __1939__

    Mindestabstand des festgesetzten niedrigsten Wasserstandes von der höchsten Stelle der

    Feuerzüge in Millimeter: ___

ist nach § $\frac{12}{13}$ der allgemeinen polizeilichen Bestimmungen über die Anlegung von __Land-__
Dampfkesseln, vom 17. Dezember 1908 mit einem Wasserdrucke von __19,5__ Atmosphären Überdruck geprüft
worden. Dabei hat der Kessel dem Probedrucke mit befriedigendem Erfolge (§ 12 Abs. 3) widerstanden.

     Die Niete, mit denen das Fabrikschild am Kessel befestigt ist (§ 11) sind mit dem Stempel

(TÜ 1) ___ versehen worden.

Probedruck ___ 17 kg/cm
Betriebsdruck ___ 13 kg/cm²

Feuerberührte Heizfläche = 54 m²
Rostfläche ___ = 1,2 m²

Zur Bescheinigung vom
über Bauprüfung und Wasserdruckprobe und Abnahme
des Dampfkessels
Nr. _____ gehörig

Der Sachverständige

Ingenieur des Dampfkessel-Überwachungs-Vereins Berlin.

Der Antragsteller und Verfertiger:
Hennigsdorf b. Berlin, den 12. Mai 1939
BORSIG LOKOMOTIV-WERKE
G.M.B.H.

Hennigsdorf b.
Berlin, den 8. Juni 1939

Der Sachverständige
Dipl.-Ing. Philipp
Ingenieur des
Technischen Ueberwachungs-Vereins Berlin

Die heutige ZB 4 »AQUARIUS C« als Heeresfeldbahnlok HF 191 auf der Feldbahnstrecke Tuleblja – Demjansk gegen Winterende 1943. Sichtbar sind die Kälteschutzverkleidung. Rechts im Bild ein in Frankreich erbeuteter 600-mm-Tiefladewagen.

Als HF 191 im Feldeinsatz

Als nach dem Einmarsch in die Sowjetunion und dem raschen Vormarsch Richtung Moskau die Front im Winter 1941/42 weitgehend zum Stillstand gekommen war, begann die Wehrmacht im Bereich der Heeresgruppe Nord bei der 18. und 16. Armee mit dem konsequenten Aufbau schmalspuriger Feldbahnen zu Versorgungszwecken hinter der Kampffront. Im Bereich der 16. Armee wurde eine Feldbahn von Tuleblja (an der Hauptstrecke Staraja Russa – Dno gelegen) in den damaligen Halbkessel von Demjansk gebaut. Als Ausgangsbasis für eine geplante Frühjahrsoffensive 1943 wollte die deutsche Heeresleitung dieses Sprungbrett unbedingt halten. Für die Versorgung der rund 110.000 deutschen Soldaten im Halbkessel spielte angesichts der mangelhaften Straßenverhältnisse die Feldbahn mit ihrer Gesamtlänge von rd. 80 Kilometern eine wichtige Rolle. Von Oktober 1942 bis zur Räumung des Kessels im März 1943 beförderte die Bahn mehr als 250.000 Tonnen. HF 191, die heutige »AQUARIUS C«, war mit dem betriebsführenden Eisenbahnbaubataillon 512 dabei. Vermutlich als Schadlok wurde sie zunächst nach Baranowitschi und dann nach Rehagen-Klausdorf zurückgeführt.

Feldbahnstab Tuleblja
Stab / Eisb. Bau-Batl. 512

Tabelle über Gesamtgüterbeförderung der Feldbahn Tuleblja – Demjansk vom 1.10.1942 bis 31.3.1943.

1.) von Tuleblja

a) Gesamt-Förderleistung (in Raumtonnen)

Tag	Gesamt	Armee	Straßenbau	Feldb.-Bau
Okt. 1942	33.234,5	13.006,-	10.125,5	10.103,-
Nov. "	21.719,-	13.180,-	3.561,-	4.978,-
Dez. "	31.154,-	26.258,-	956,-	3.940,-
Jan. 1943	40.217,75	35.098,25	150,-	4.969,5
Febr. "	26.098,60	18.578,60	2.902,6	4.617,4
März "	43.065,5	33.233,45	2.907,35	6.924,7
Ges.	195.489,35	139.354,30	20.602,45	35.532,6

b) tägl. Durchschnitts-Förderleistung

Okt. 1942	1.072,1	419,5	326,6	326,-
Nov. "	723,9	439,3	118,7	165,9
Dez. "	1.005,-	847,-	30,9	127,1
Jan. 1943	1.297,3	1.132,2	4,8	160,3
Febr. "	932,1	663,5	103,7	164,9
März "	1.389,2	1.072,-	93,8	223,4
Ges. Durchn.	1.074,1	765,7	113,2	195,2

c) monatl. Durchschnitts-Förderleistung

	32.581,5	23.225,7	3.433,7	5.922,1

2.) nach Tuleblja anläßlich der Räumung des Kampfgebietes Demjansk

Gesamt-Förderleistung

Febr. 1943	24.275,05	20.846,3	—	3.428,75
März "	38.498,95	33.085,55	4.770,-	643,4
Ges	62.774,-	53.931,85	4.770,-	4.072,15

O.U., den 1. April 1943
Schmidt

Hauptmann Karl Sander † auf einer unter seiner Leitung gebauten Sumpfbrücke der Strecke Tuleblja – Demjansk im Herbst 1942.

Tender voraus über die freigeschaufelte Strecke im Kessel.

Harter Wintereinsatz bei Demjansk.

Aus HF 191 wird SKGLB 22 –

12 Jahre Personenzuglok im Salzkammergut

Die Wirren des Kriegsendes hatten einen Großteil der noch im Depot Mellensee/Mark Brandenburg befindlichen 750-mm-HF-Fahrzeuge rechtzeitig nach Österreich verschlagen. In der geplanten „Festung Ostmark" sollten sie auf bestehenden Kleinbahnstrecken militärisch eingesetzt werden. Dazu kam es nicht mehr. Viele der insgesamt 80 Triebfahrzeuge wurden echte Friedensloks. Im Dienst bei der Staatsbahn, bei Länderbahnen und bei Privatbahnen. Auch die HF 191 wurde schon 1945 zur Friedenslok: Als ehemaliges alliiertes Beutegut wurde sie durch das Finanzministerium an die Salzkammergut-Lokalbahn verkauft. Mit ihr zusammen übrigens auch zwei ehemalige HF-C-Kuppler: die SKGLB-Betriebsnummern 32 (BMMF/CKD 2187) und 33 (Henschel 25 342 = Bauserien-Schwesterlok der heutigen »BIELEFELD«). Aus dem E-Kuppler HF 191 wurde die SKGLB 22.

Die 67 km lange Bahn durch das Salzkammergut führte von Salzburg im Westen nach Bad Ischl im Osten. An beiden Endpunkten bestand Anschluß an wichtige Durchgangs-Vollbahnen. Inmitten eines beliebten Feriengebietes galt sie als eine der schönsten Schmalspurbahnen der Welt. Die Szenerie war wechselhaft. Vor dem Hintergrund der Berge führte sie durch Hügelland, entlang Mondsee und Wolfgangsee. Mittendrin, zwischen St. Lorenz und Strobl war sie fast Gebirgsbahn. 1890 wurde das erste Teilstück eröffnet, 1894 das letzte. In den dreißiger Jahren gab es eine erste Finanzkrise. Nach 1945 erlebte die Bahn eine unerwartete Renaissance: Bis zu 2 Millionen Fahrgäste wurden pro Jahr gezählt. Und dennoch kam der Niedergang schnell. Überstürzt wurde die Bahn 1957 eingestellt – als erste der österreichischen Schmalspurbahnen. Auch SKGLB 22 wurde arbeitslos. Sie wurde an die Zillertalbahn AG. verkauft. August Zopf, Mitglied des Clubs 760, schrieb am 28. Mai 1985:
„Diese Lok ist für mich eine große Kindheitserinnerung. Ich habe sie an Sonntagen, als sie die schweren Bäderzüge an den Wolfgangsee brachte, immer beobachtet. Ich bin mit dem Fahrrad oft weit gefahren, nur um sie in Aktion zu hören, wenn eine lange Garnitur von Plomberg nach Scharfling ihr die letzte Kraft abverlangte! Vorbei ist leider die Zeit, jedoch die Lok lebt noch (wieder!) – und das war immer mein Wunsch!"

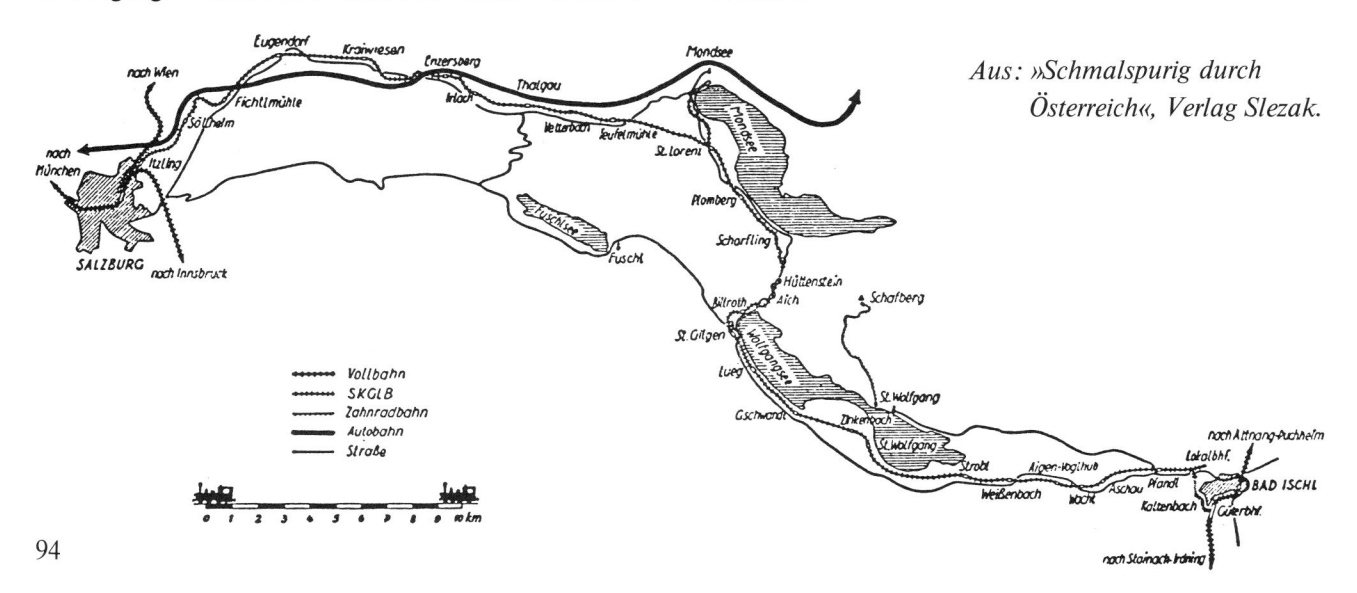

Aus: »Schmalspurig durch Österreich«, Verlag Slezak.

Vor 30 Jahren auf der Salzkammergut-Lokalbahn: Am 19. August 1956 steht unsere Lok mit ihrem Zug abfahrbereit im Bahnhof Bad Ischl.

Am 28. Juli 1957 mit SKGLB-Zug 6524 im Haltepunkt Thalgau zwischen Salzburg und dem Mondsee.

Zug 6524 in der Halte- und Ladestelle Aich. Richtung Salzburg ging es von hieraus auf der Bergstrecke zur Wasserscheide zwischen Wolfgangsee und Mondsee.

Rechts: Zwischenbahnhof St. Gilgen/Wolfgangsee im Sommer 1956.
Unten: Zug 6524 ist von St. Gilgen kommend in St. Lorenz eingefahren. Hier nahmen die Loks für die Weiterfahrt stets Wasser und oft auch Kohle. Der damals berühmte Triebwagen 672 steht abfahrbereit für den Stichbahnverkehr St. Lorenz – Mondsee. Als Barwagen WR 41 dient er heute auf der Murtalbahn in der Steiermark.
Rechte Seite oben: Zug 6524 am Haltepunkt Fichtlmühle, Nähe Salzburg. Rechte Seite unten: Zug 6515 in der Nähe von Strobl am Ostufer des Wolfgangsees.

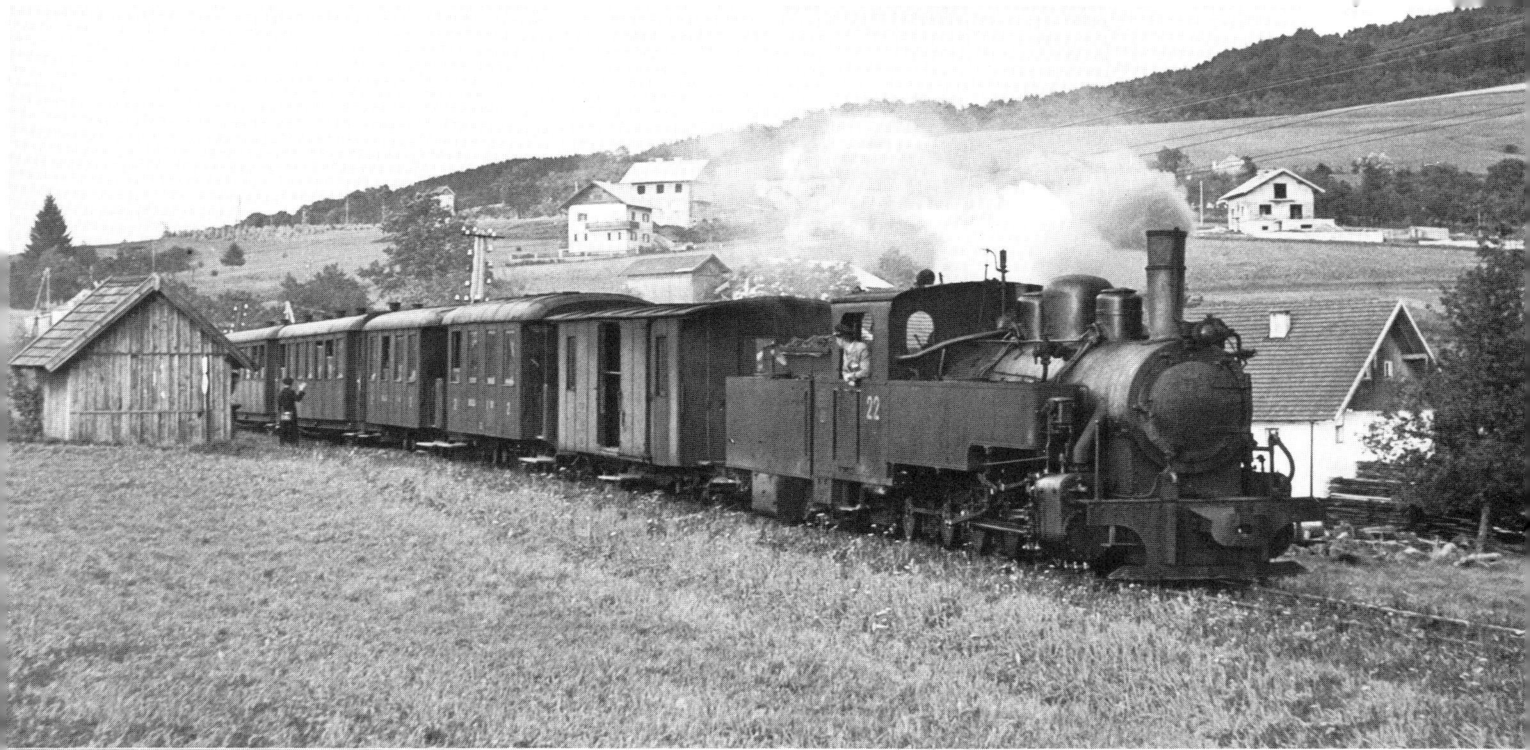

22

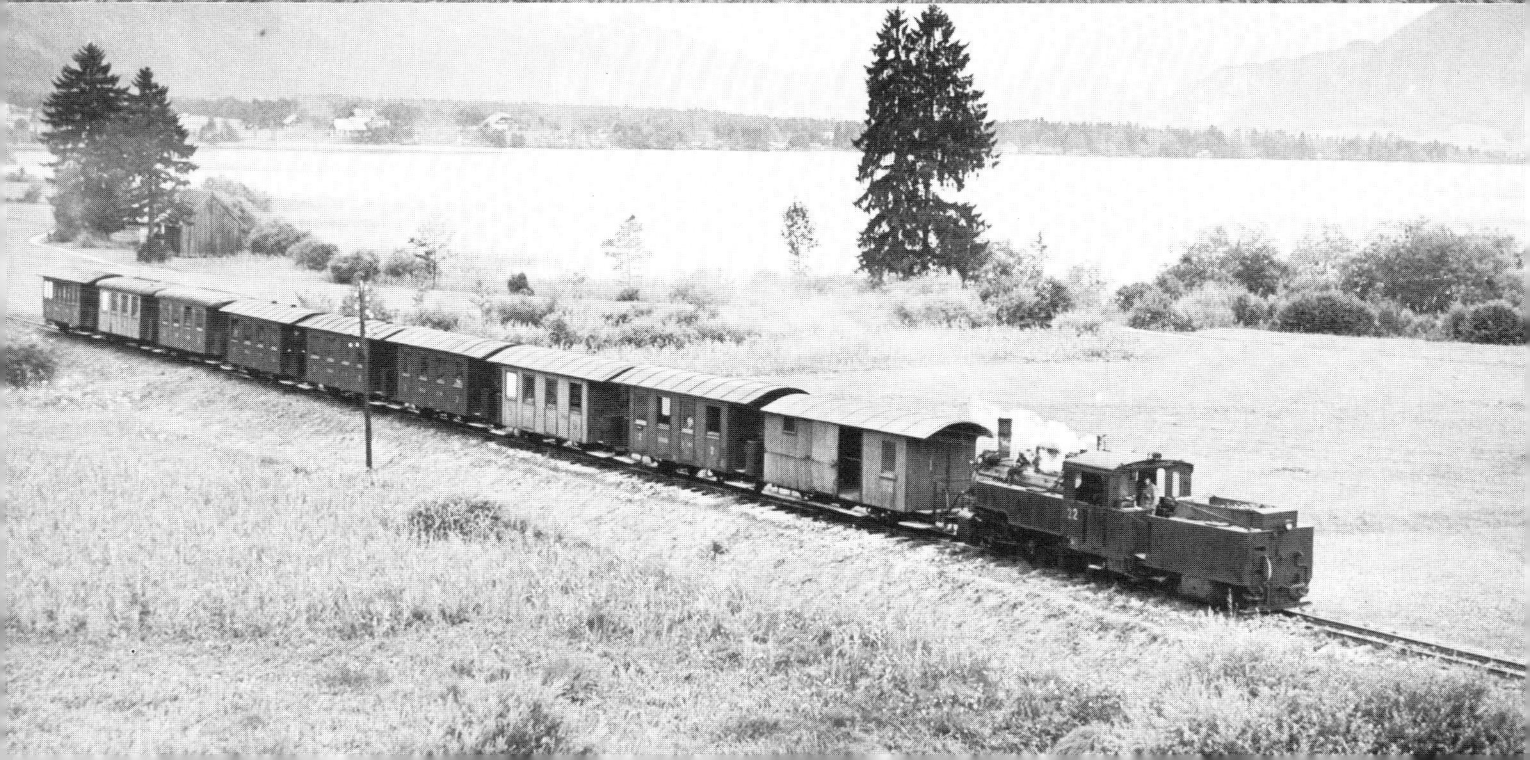

22

Höchsteinsatz im Zillertal

Nach 12 Jahren als Personenzuglok auf einer der schönsten Schmalspurstrecken wurde unsere BORSIG nach ihrem Verkauf an die Zillertalbahn AG von der Wirklichkeit eingeholt. Sie wurde wieder zu dem, wozu sie ursprünglich als Heereslok konzipiert war: Zugpferd für Güterzüge. Dabei begann es recht harmlos. Zunächst – und für beinahe zehn Jahre – waren es zumeist leichte bis mittelschwere Güter- oder Gemischtzüge, die im Zillertal hin- und hergefahren werden mußten.

Zwischendurch wurde der beliebten Lok eine besondere Ehre zuteil: Durch britische Eisenbahnfreunde der Zillertalbahn wurde sie am 27. März 1963 getauft auf den walisischen Namen »CASTLE CAEREINION«. Sie trug ihn bis zum Verkauf 1980.

Die Endgeschwindigkeit von 30 km/h war für Personenzüge viel zu gering. Aber die Lok war kräftig. Dessen entsann man sich auch bei der Bahnverwaltung, als diese 1967 den Transportauftrag für das geplante Bauvolumen des Tauernkraftwerkes mit dem Schlegeisspeicher am oberen Ende des Zillertales erhielt. Eine Million Tonnen Fracht sollten das Tal hinaufbefördert werden. Baumaschinen, Druckrohrleitungen, Trafos und Generatoren zählten dabei zum „edlen" Ladegut. Vor allem aber wurde Zement befördert! Tag und Nacht, rund um die Uhr. Neben den neubeschafften kräftigen Dieselloks wurde das typische Dampflokgespann gebildet, welches jahrelang in dieser Formation den Berg hinaufkeuchte: die Verbundlok ZB 3 »TIROL« und ZB 4, unsere BORSIG.

Zitat aus »Bahn im Bild 5«, Die Zillertalbahn – Verlag Peter Pospischil, Wien:
„Am 14. 6. 1967 wurde eine Anschlußbahn für die TKW in Betrieb genommen, die unmittelbar vor dem Bahnhof Mayrhofen abzweigte, mit 19‰ Steigung

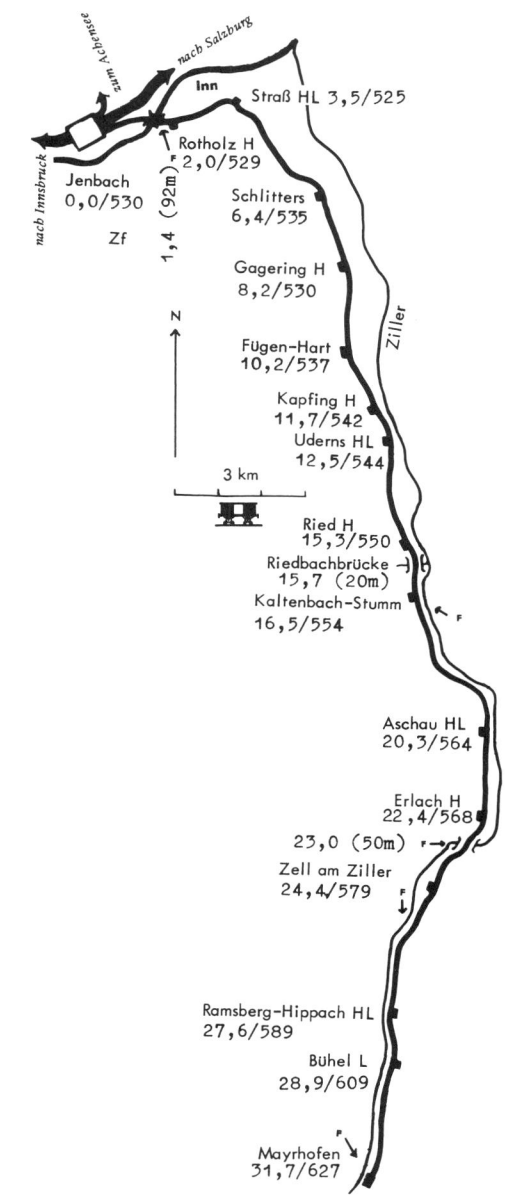

Streckenführung der Zillertalbahn (aus »Schmalspurig durch Österreich«, Verlag Slezak).

In der Nähe von Schlitters führt ZB 4 einen schweren Güterzug.

hinter dem Bahnhofsgelände zur Werkstraße (die heute als Ortsumfahrung dient) führte und auf dieser zu einem dreigleisigen Güterbahnhof gelangte. Von diesem Bahnhof, der mit Laderampe, Silos und einem Portalkran ausgestattet war, führte noch ein Gleis weiter zum Kraftwerk. Durch vier Jahre wurden über die fast eine Million Kubikmeter große Staumauer des Schlegeisspeichers Baumaschinen, Druckrohrleitungen, Transformatoren und Generatoren befördert. 7 Güterzugpaare pro Tag wurden für die ZB zur Regel, davon 5 zumeist in der Nacht verkehrende Zementzüge. Voll Begeisterung erzählen heute die Lokführer von dem Spektakel, wenn ein schwerer Zementzug, bespannt mit den Lokomotiven 3 und 4, vor Mayrhofen, wo die Strecke auch in starker Steigung liegt, Schwung nahm und wahre Feuergarben von Funken in den Nachthimmel stoßend mit voll geöffnetem Regler die Anschlußbahn hinaufdonnerte."

ZB 4 wartet mit Zementzug in Zell/Ziller die Überholung durch einen Personenzug ab.

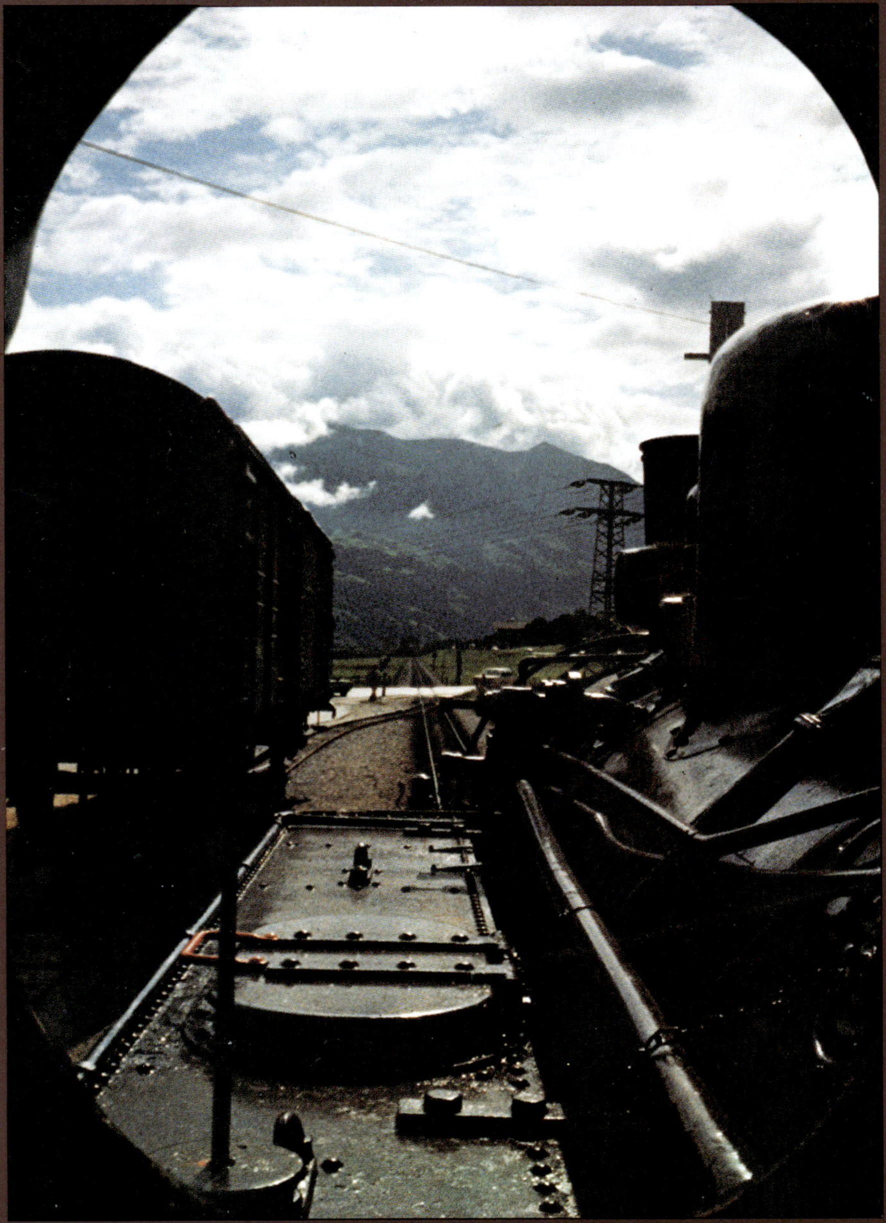

Die kräftige Verbundmaschine ZB 3 »TIROL« und ZB 4 als damals typisches Gespann mit einem ihrer Baumaterialzüge für das Tauernkraftwerk. Man hört förmlich ihren Auspuffschlag, wenn sie nach Mayrhofen hinaufdonnern.

Erinnerung an alte Zeiten: ZB 3 und ZB 4 posieren anläßlich einer Sonderfahrt am 2. Juli 1982 vor dem Verwaltungsgebäude der Zillertalbahn AG in Jenbach.

Der jahrelange Höchsteinsatz hat ihr stark zugesetzt. Völlig abgearbeitet und mit durchgeglühter Rauchkammer mußte sie schließlich abgestellt werden. Doch die neue Odyssee ließ nicht lange auf sich warten. EUROVAPOR rief zur Bregenzerwaldbahn.

Unten:
Vorläufiger Abschied vom Zillertal. Nach Kesselüberholung führt ZB 4 mit ihrem damaligen Namen »CASTLE CAEREINION« am 4. April 1974 einen Sonderzug während der Erprobungsfahrt. Anschließend ging's zum Bregenzerwald für EUROVAPOR.

ZB 4 »CASTLE CAEREINION« mit EUROVAPOR-Sonderzug in Langenegg am 21. September 1975.

Auf der Steigung zwischen Egg und Andelsbuch am 21. September 1975.

Mit einer Pressefahrt am 25. November 1978 wurde die ehemalige ÖBB-Lok 699.01 als »BEZAU« (im Besitz des Club 760) nach Generalüberholung in Betrieb genommen. Zusammen mit ZB 4 zogen damals 400 PS einen langen Sonderzug die Bregenzerwaldbahnstrecke hinauf.
699.01 BEZAU = Franco Belge 2818/44 Dh2 KDL 11 (ehemalige HF 2818).

ZB 4 »CASTLE CAEREINION« macht Dampf im Bregenzerwald!

Die Heeresfeldbahnzeit hatte sie überstanden, die Planzugzeit im Salzkammergut, die anstrengenden Güterzugjahre im Zillertal. BORSIG 14 806 war 33 Jahre alt, als sie im Zillertal abgestellt wurde. Buchstäblich „ausgebrannt". – Aber gerade weil sie in Österreich von 1945 bis 1972 so sehr beliebt war, gab es Eisenbahnfreunde, die sie auch weiterhin in Betrieb sehen wollten. Da waren einmal ihre österreichischen Freunde des Club 760 und andererseits die schweizerischen Freunde von EUROVAPOR. Sie gemeinsam schafften es, die Lok in

Die typische Zugkomposition des EUROVAPOR-Museumszuges: Lok ZB 4, 3 ÖBB-Personenwagen Bi und 1 BD4ip/s. Später gehörte auch der Barwagen „Wälderschänke" ständig dazu.

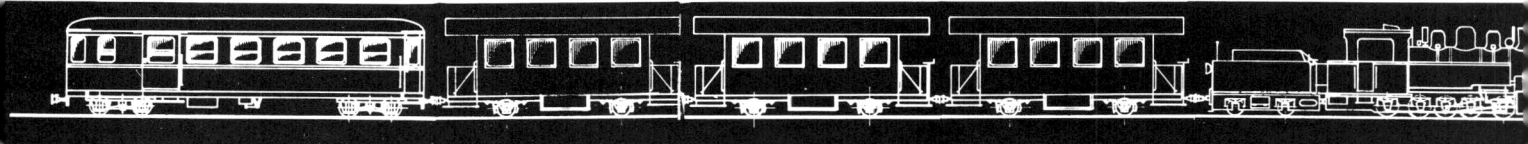

Jenbach soweit wieder betriebsfähig herrichten zu lassen, daß sie einer neuen Verwendung entgegensehen konnte: zum Museumsbahneinsatz auf der ÖBB-Strecke von Bregenz nach Bezau.

Die Bregenzerwaldbahn, einzige nichtelektrifizierte Bahnlinie in Vorarlberg, wurde als erste Schmalspurbahnstrecke der ÖBB bereits Ende der fünfziger Jahre auf Dieseltraktion umgestellt. 1963 verließ die letzte Dampflokomotive die Zugförderungsstelle Bregenz. Der Dampfbetrieb gehörte damit der Vergangenheit an (von 1948 bis 1955 war ja auch die heutige »NICKI S« in Bregenz!).

Durch die Bemühungen des Verkehrsverbandes Bregenzerwald, des Verkehrsvereins der Landeshauptstadt Bregenz und der EUROVAPOR konnten ab 1974 mit Zustimmung und Unterstützung der ÖBB in den Sommermonaten wieder Dampflok-Sonderzüge zwischen Bregenz und Bezau geführt werden. Durch den vorbildlichen und uneigennützigen Einsatz der EUROVAPOR gelang es, den Dampfzugbetrieb auf Österreichs schönster verbliebener Schmalspurbahn als echte Attraktion in den Dienst des Fremdenverkehrs zu stellen. ZB 4 »CASTLE CAEREINION« beförderte allein in den ersten drei Sommern 1974-76 in 386 Sonderzügen 56.321 Fahrgäste.

Der große Erfolg der Dampfzüge erforderte ab 1978 den Einsatz einer weiteren Lokomotive. Nach einer kostspieligen Hauptuntersuchung konnte die Lokomotive 699.01 wieder nach Bregenz überstellt werden. Auch sie war eine ehemalige Heeresfeldbahnlokomtive (Baureihe KDL 11, Dh2).

Ein findiger Fremdenverkehrsunternehmer bietet heute auf der Strecke Egg – Bezau diesen Ersatzverkehr mit einem modifizierten LKW und einem angehängten Wagen an. Wie löblich sind das Tun und die Initiative, wie sehr dokumentiert sich darin aber auch das Interesse und die Liebe der Fremdenverkehrsler zu ihrer ehemaligen „Wälderbahn"!

Bregenzerwaldbahn 1985: So schnell geht's bergab. Positiv zu vermerken ist einzig der Wanderweg auf der früheren Bahntrasse. Und dennoch fehlt uns Dampfbahnfreunden der hämmernde Auspuffschlag der Lokomotiven!

Schade, daß es dann 1979/80 nach erheblichen Erdrutschen vorbei war! Die Bregenzerwaldbahn mußte als weitere österreichische Schmalspurbahn stillgelegt werden. ZB 4 wurde erneut arbeitslos. Abgesehen davon, daß für sie im Falle eines intensiven Lokdienstes ohnehin eine Hauptuntersuchung fällig würde ...

Doch die Zeit im Bregenzerwald lebt fort in den unzähligen Film- und Tondokumenten jener Jahre! –

Rechts: Nach Außenüberholung in Jenbach ist die ZB 4 wieder ein Schmuckstück.

Besitzerwechsel: Direktor Dipl.-Ing. Erich Heiß der Zillertalbahn AG überreicht das Betriebsbuch. Neuer Name der Lokomotive: ZB 4 »AQUARIUS C«.

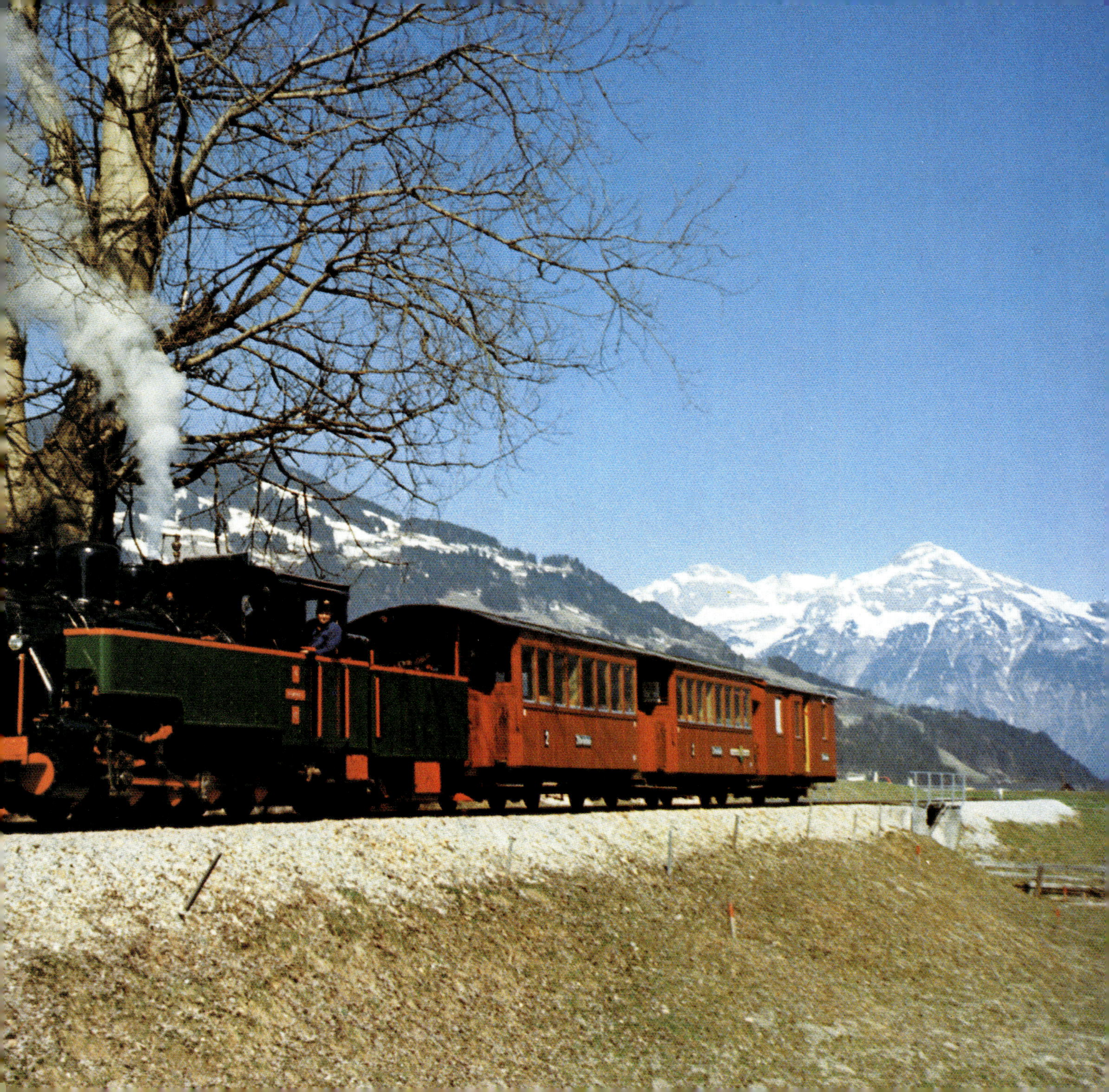

1982: ZB-Lokführer Josef Stöckl weiß mit der Rangierlast von 250 Tonnen im Bahnhof Jenbach gut umzugehen.

Oben links:
3. Juli 1982: wie damals! – ZB 4 mit Sonderzug wird vom Planzug mit ZB 2 im Bahnhof Aschau/Ziller überholt.

Oben rechts:
Wassernahme in Mayrhofen.

Rechts:
Männer, denen es Spaß machte, mit ZB 4 »AQUARIUS C« umzugehen. Lokführer Josef Stöckl (rechts) betreute 1982/83 die Lok bei der Zillertalbahn zusammen mit einigen Freunden.

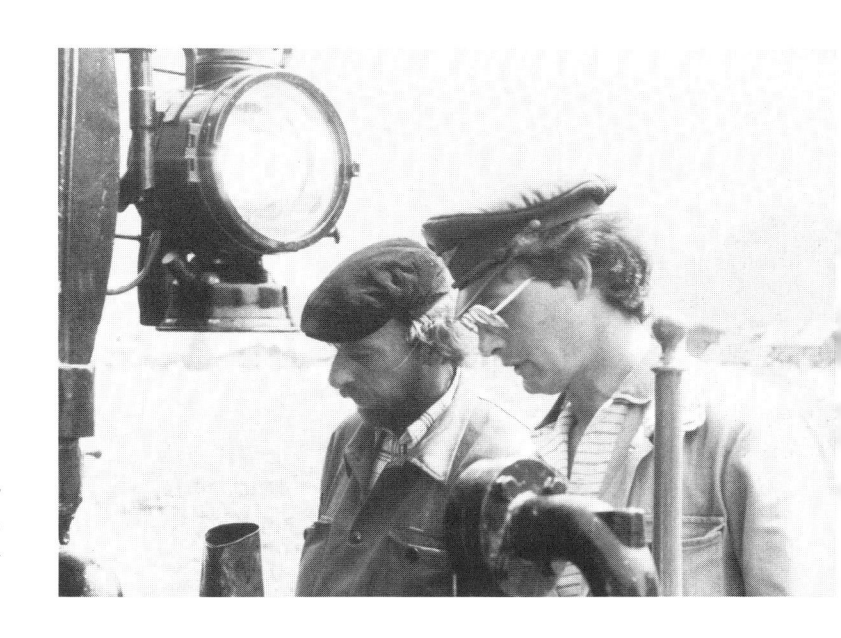

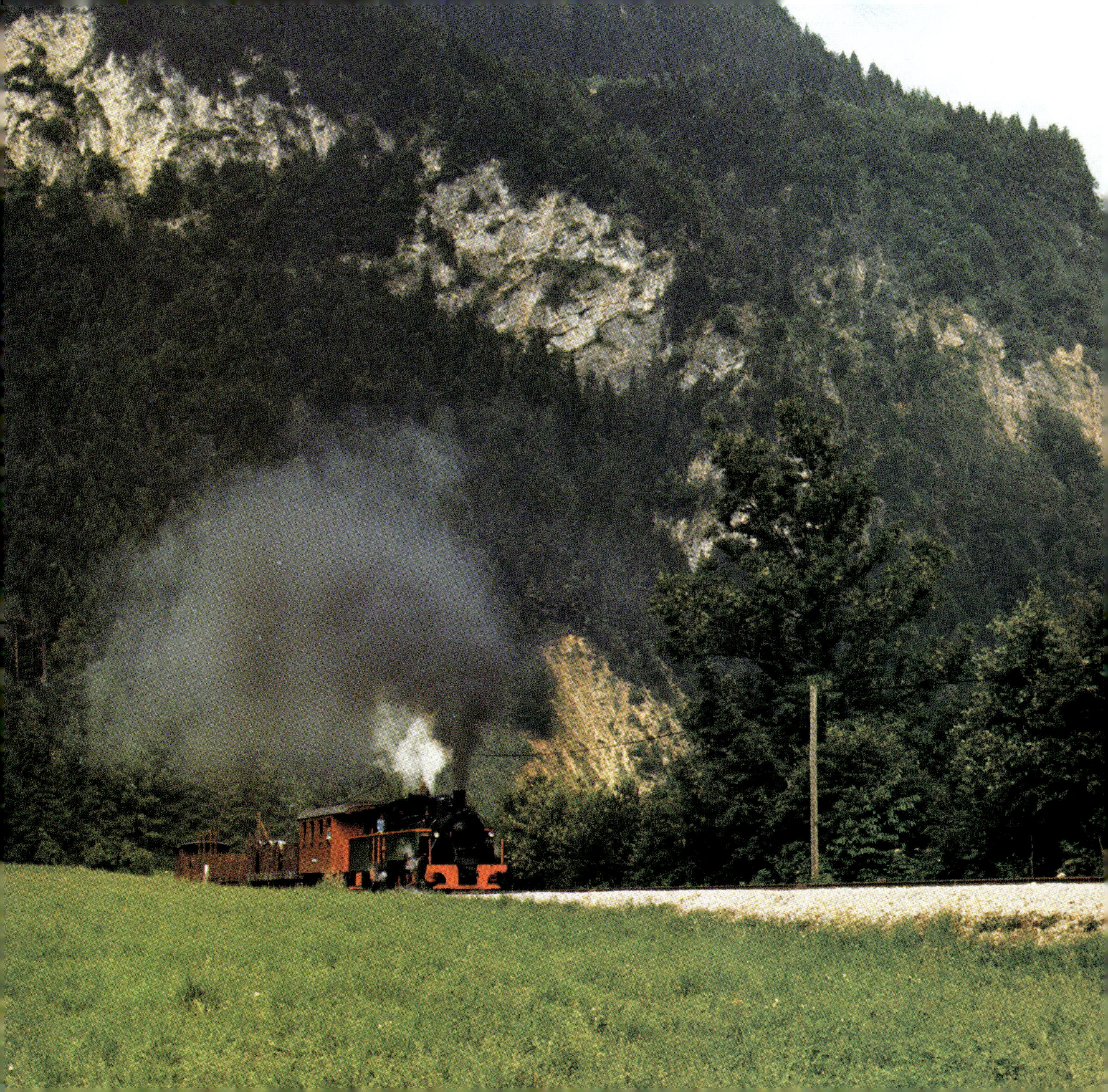

Auf der Zillerbrücke.

Anläßlich eines Ausflugs für Dampflokfreunde am 3. Juli 1982: von links nach rechts: Walter Ess, Uwe Schwanke, Olaf Teubert, oben Zugführer ZB, Klaus Jördens, Peter Neesen, Jochen Dinse, unten Rolf Ertmer.

Abtransport aus Jenbach. Der Kessel war zu diesem Zeitpunkt vorübergehend in Knittelfeld.

Der Kessel vor seiner Renovierung bei der TWE in Lengerich.

Werkmeister und heutiger Betriebsleiter der TWE-Hauptwerkstatt, Friedrich Stille, begutachtet die Funktion der zweistufigen Luftpumpe beim Probeheizen am 26. März 1986.

Unten:
Das Fahrwerk der ZB 4 »AQUARIUS C« wurde in Lengerich komplett überholt.

Erstes Roll-out in Lengerich unter Dampf am 26. März 1986.

Cabrio-Dampflok im Jagsttal? Mitnichten: Wegen Lademaßüberschreitung auf dem Bundesbahnwaggon mußte das Führerhausdach für den Transport von Lengerich nach Dörzbach abgenommen werden.

Oben: Erneut ein denkwürdiger Tag: Am 23. April 1986 waren zur Kesselabnahme »BIELEFELD (links), »FRANK S«, dahinter »NICKI S« und rechts »AQUARIUS C« gleichzeitig unter Dampf.
Unten: Tag der Kesselabnahme mit Probefahrt in Dörzbach.

*Links:
Der neue Zuglauf-Anzeiger in Dörzbach zeigt das Ziel der Probefahrt an: Schöntal.*

*Unten:
Der Zug am 23. April 1986 war klein: die Freude aber um so größer! – Alles klappte bestens!*

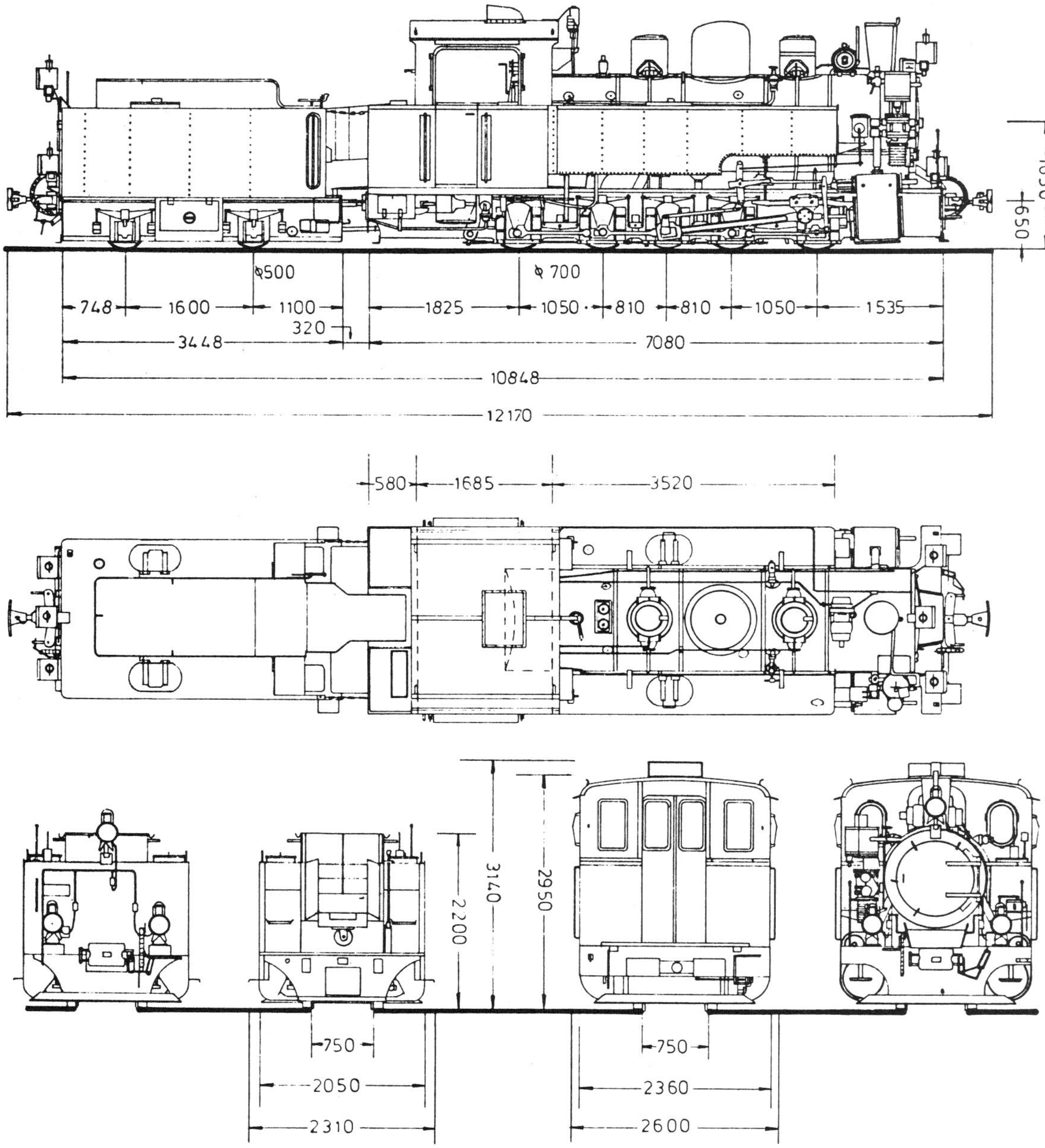
1650
650
ø500
ø700
748
1600
1100
1825
1050
810
810
1050
1535
320
3448
7080
10848
12170
580
1685
3520
2200
3140
2950
750
2050
2310
750
2360
2600

Lokomotive aus der Bauserie 26 462 - 466 bei der Werkabnahme in Kassel 1964.

Ehemalige Heeresfeldbahn-E-Kuppler bei uns im Jagsttal

Bevor ZB 4 »AQUARIUS C« im April 1986 zu uns kam, hatte es zwischen 1949 und 1965 schon mal zwei Maschinen dieses Typs bei uns gegeben! Aus der Bauserie Henschel 26 462 - 466 aus 1944 kaufte unsere Bahnverwaltung seinerzeit aus ehemaligem Wehrmachtsbestand die beiden Lokomotiven 26 462 (HF-Nr. 24 751) und 26 466 (HF-Nr. 24 755). Diese Lokomotiven waren bauartgleich mit der Borsig-Lokomotive, denn der Auftrag zum Weiterbau dieser Serie wurde 1940 von Borsig an Henschel übergeben. Nach entsprechendem Umbau durch Henschel in Kassel erhielt die Jagsttalbahn zwei praktisch neuwertige schwere Streckenlokomotiven. Am 7. Juni 1949 wurden sie mit Betriebsnummern 151 und 152 in Dienst gestellt.

Am 25. Januar 1954 endete der Einsatz der Lok Nr. 151 wegen eines Fahrwerkschadens vorzeitig. Sie diente dann als Ersatzteilspender für die Schwesterlok Nr. 152, die bis zum 24. Oktober 1965 im Dienst war. 1974 wurde sie von der DGEG gekauft. Seit 1976 ist sie im Rhein-Neckar-Eisenbahnmuseum der DGEG in Viernheim zu besichtigen.

24. Oktober 1965: Die SWEG-Lok 152 (Henschel 26 466) während ihrer Abschiedsfahrt nahe Jagsthausen. Ähnliche Motive werden sich nun ab 1986 dem Betrachter bieten!

Le Chemin de Fer Forestier d'Abreschviller

Jenseits der deutsch-französischen Grenze und westlich von Straßburg gibt es im Waldgebiet der nördlichen Vogesen eine Museumsbahn mit großer Tradition. Dort befand sich in der Nähe des Donon-Massivs eine ausgedehnte Waldbahn. Ab 1885 wurde sie mit der Spurweite von 700 mm betrieben. Bis 1939 erreichte sie eine Ausdehnung von 73 Kilometern. 1966 wurde der Schienenverkehr eingestellt. – Als Folge entstand – wie auch anderswo in Westeuropa – eine Museumsbahn. Von Abreschviller zum heutigen Endpunkt Grand Soldat gibt es die 6 km lange Strecke der A.C.F.A. **Unter dem halben Dutzend Dampf- und Diesellokomotiven befindet sich auch eine ehemalige HF-Schwester unserer »FRANK S«, »NICKI S« und »BIELEFELD«:**

Die A.C.F.A. Nr. 4. Diese von Jung unter der Nummer 10 120 gebaute Lokomotive mit der HF-Nr. 11 810 kam Ende der sechziger Jahre aus Österreich in die Vogesen. In Österreich hatte sie die längste Dienstzeit der C-gekuppelten HFs. Neuwertig gelangte sie Anfang 1945 nach Österreich, wurde von den Steiermärkischen Landesbahnen (StLB) gekauft und bis 1967 auf der 760-mm-Strecke Preding/Wieselsdorf – Stainz eingesetzt.

Nach ihrer Ausmusterung wurde sie nach Frankreich verkauft, 1975/76 aufgearbeitet und auf 700 mm umgespurt. Seither hat sie viele tausend Touristen auf der wunderschönen Schmalspurbahn befördert. – Ein Besuch in Abreschviller lohnt sich sehr!

Die ehemalige HF-Lok 11 810 (Jung 10 120) während ihrer Dienstzeit bei den Steiermärkischen Landesbahnen im Bahnhof Stainz.

Kontaktadresse:

A.C.F.A. – Hotel des Cigognes
F-57560 Abreschviller
Telefon (8) 703.70.09

HF 110 3/3

Standard-Dampflok
der Heeresfeldbahn für den
„mittelschweren Dienst"

1100 Heeresfeldbahnlokomotiven der ehemaligen deutschen Wehrmacht

Nach heutigen Erkenntnissen setzte die Wehrmacht zwischen 1939 und 1945 rund 1100 schmalspurige Feldbahnloks ein. Etwa 430 Dampfloks und 670 Dieselloks. Die Mehrzahl hatte eine Spurweite von 600 mm. Schon allein wegen der hunderte von Bau- und Industrieloks, die von der deutschen Wirtschaft zwangsverpflichtet wurden und wegen der vielen Beuteloks aus Frankreich.

Die neugebauten Heeresfeldbahn-Dampfloks waren meist umspurbar zwischen 600 und 750 mm. Ab 1942 allerdings nur noch 750 mm. **Standard-Dampflok der Heeresfeldbahnen für den „mittelschweren Dienst" wurde die HF 110 3/3.** Es war eine 110 PS starke Zweizylinder-Naßdampflok, dreifach gekuppelt mit zweiachsigem Schlepptender (Cn2). Nach fünf Versuchsloks der Firmen Henschel, Jung, Krauss-Maffei, Krupp und O + K wurden von ihr 130 Stück serienmäßig gebaut. Henschel, CKD, Jung und Krenau/Chzranow waren die Auftragnehmer für die Serienlieferungen. Auf den beiden folgenden Seiten ist der Verbleib der 130 Serienloks der Baureihe HF 110 3/3 graphisch dargestellt. Bei weiteren 9 ist der Verbleib (in Rußland) bekannt, nicht aber deren Bau-Nummern. Von einer nicht mal sehr kleinen deutschen Dampflokomotiv-Baureihe kennen wir also das Schicksal von 65 Lokomotiven oder 50%. Relativ viel, wenn man davon ausgeht, daß es Heeresfeldbahnen im Zweiten Weltkrieg ausschließlich in Rußland gab mit ungewissem Schicksal. Viele der restlichen Loks wurden nach 1945 als unbrauchbar verschrottet.

Von den nach 1945 überlebenden landeten mindestens elf im Staatsbahndienst (DDR, Österreich, Lettland/UdSSR), viele im Kleinbahndienst und die restlichen bei Industrie- und Baubahnen. Verteilt waren sie auf die Staaten Bundesrepublik, DDR, Frankreich, Österreich, Jugoslawien, UdSSR und Indien.

Heute, 1986, gibt es von den Dampfloks der Baureihe 110 3/3 nur noch vier betriebsfähig: »FRANK S«, »NICKI S« und »BIELEFELD« im Jagsttal und A.C.F.A. Nr. 4 in Abreschviller/Frankreich.

Alle 131 Serien-Schlepptenderlokomotiven des Typs HF 110 3/3 auf einen Blick. Von den rot dargestellten Loks ist der Verbleib bekannt. Die negativ gedruckten sind die ausführlich beschriebenen Lokomotiven Nicki S (Hs 25982), Frank S (Hs 25983), Bielefeld (Hs 25325) und A.C.F.A. 4 (Ju 10120).

Ju 9784	Ju 9785	Ju 9786	Ju 9787	Ju 9788	Ju 9789
Ju 9790	Ju 9791	Ju 9792	Ju 9793	Kr 941	Kr 942
Kr 943	Kr 944	Kr 945	Kr 946	Kr 947	Kr 948
Kr 949	Kr 950	Kr 951	Kr 952	Kr 953	Kr 954
Kr 955	Kr 956	Kr 957	Kr 958	Kr 959	Kr 960
Kr 961	Kr 962	Kr 963	Kr 964	Kr 965	Kr 966
Kr 967	Kr 968	Kr 969	Kr 970	Kr 971	Hs 25945
Hs 25946	Hs 25947	Hs 25948	Hs 25949	Hs 25950	Hs 25951
Hs 25952	Hs 25953	Hs 25954	Hs 25978	Hs 25979	Hs 25980
Hs 25981	Hs 25982	Hs 25983	Hs 25322	Hs 25323	Hs 25324
Hs 25325	Hs 25326	Hs 25327	Hs 25328	Hs 25329	Hs 25330

Hs 25331	Hs 25332	Hs 25333	Hs 25334	Hs 25335	Hs 25336
Hs 25337	Hs 25338	Hs 25339	Hs 25340	Hs 25341	Hs 25342
Hs 25343	Hs 25344	Hs 25345	Hs 25346	Hs 25347	Hs 25348
Hs 25349	Hs 25350	Hs 25351	Hs 25352	Hs 25353	Hs 25354
Hs 25355	Hs 25356	Hs 25357	Hs 25358	Hs 25359	Hs 25360
Hs 25361	CKD 2185	CKD 2186	CKD 2187	CKD 2188	CKD 2189
CKD 2190	Ju 10115	Ju 10116	Ju 10117	Ju 10118	Ju 10119
Ju 10120	Ju 10121	Ju 10122	Ju 10123	Ju 10124	Ju 10125
Ju 10126	Ju 10127	Ju 10128	Ju 10129	Ju 10130	Ju 10131
Ju 10132	Ju 10133	Ju 10134	Ju 10135	Ju 10136	Ju 10137
Ju 10138	Ju 10139	Ju 10140	Ju 10141	Ju 10142	

Feldbahnlokomotiven HF 110 3/3 im Kriegseinsatz 1939 – 1945

In dem im Frühjahr 1986 erschienenen Buch »Heeresfeldbahnen« hat Alfred B. Gottwaldt eines der letzten unerforschten Kapitel der deutschen Eisenbahngeschichte erstmals in solch umfassender Form vorgestellt: Entwicklung und Einsatz der militärischen Schmalspurbahnen in beiden Weltkriegen, die als Brigadebahnen und als Heeresfeldbahnen hinter der Front gelaufen sind.

Diese Bahnen dienten dem Nachschub von Verpflegung und Munition, ebenso dem Truppen- und Verwundetentransport. Ihre größte Bedeutung erlangten sie zweifellos im Stellungskrieg des Ersten Weltkrieges hinter der Westfront, sowie während des Zweiten Weltkrieges in der Sowjetunion.

Dieses im Motorbuch-Verlag erschienene Werk ist dem interessierten Leser sehr zu empfehlen.

Zur Ergänzung der Lebensgeschichte unserer vier ehemaligen Heeresfeldbahnlokomotiven sollen auf den folgenden Seiten in erster Linie Fotos gezeigt werden, die den Kriegseinsatz der Feldbahnlokomotiven des Typs HF 110 3/3 zeigen.

Unsere vier Lokomotiven tragen das Abzeichen der ehemaligen Heeresfeldbahnpioniere heute jeweils am Führerhaus.

1938 hatte es mit der Ausbildung in Rehagen-Klausdorf begonnen: Rekruten mit dem »Schumka-Expreß« auf dem Weg zum Pionier-Übungsplatz.

Die Aufbau- und Ausbildungszeit der neuen Heeresfeldbahntruppe dauerte drei Jahre: von Mitte 1938 bis Mitte 1941. Spätestens ab Frühjahr 1940 war dann das Hauptziel klar ersichtlich: die Vorbereitung auf den Einsatz im geplanten Rußland-Krieg. Während des Vormarsches auf Moskau 1941 und bis hinein in das Frühjahr 1942 waren die Heeresfeldbahner eingesetzt, um zerstörte Vollbahnen wiederherzustellen, Strecken umzunageln und – getreu ihrer Pionieraufgabe Brücken sowie andere Eisenbahnbauwerke zu reparieren oder neu zu bauen.

Rechte Seite:
5 Jahre später: Irgendwo im Mittelabschnitt der Rußlandfront.

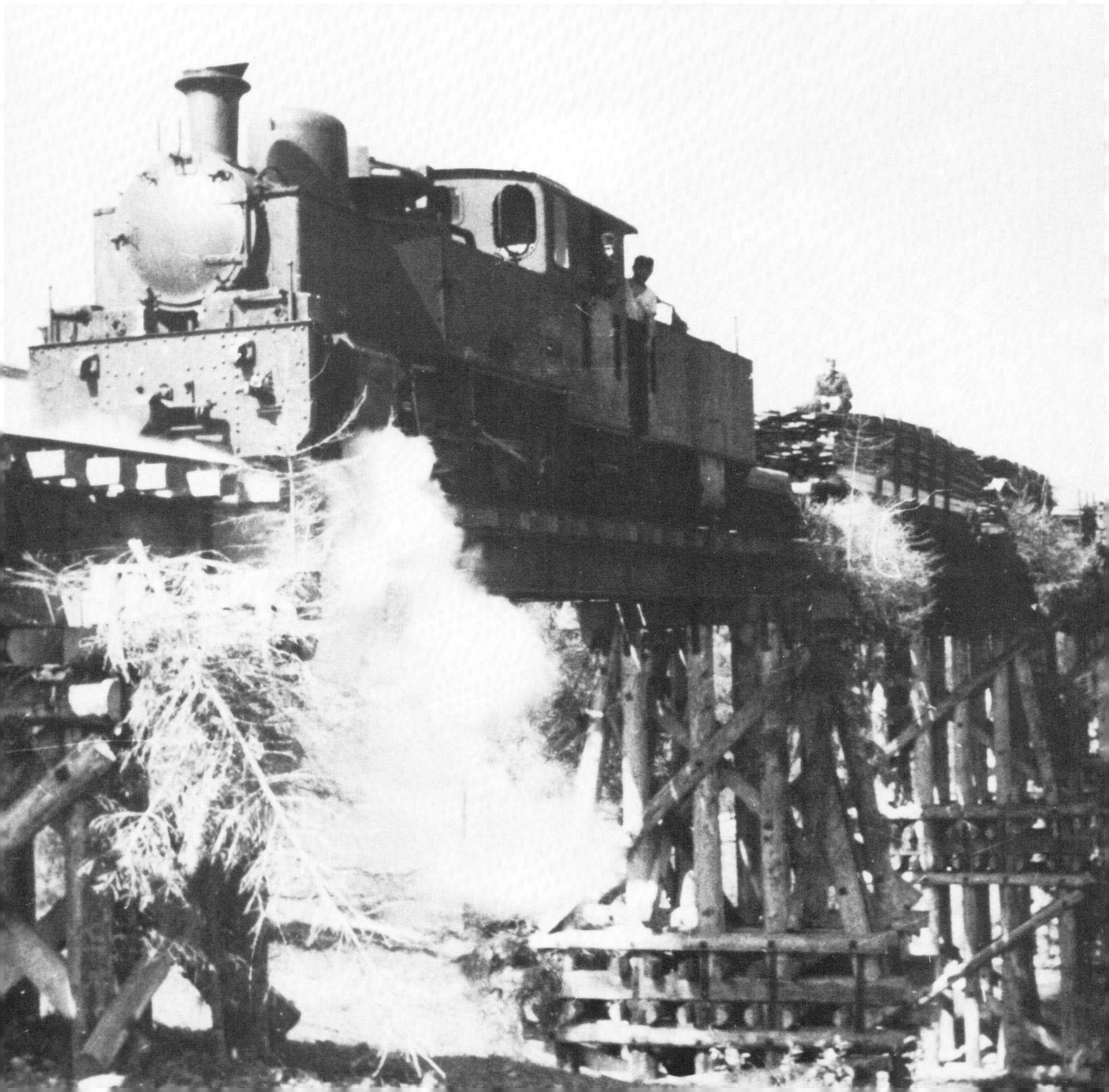

Erst im Frühjahr 1942 begann mit dem Bau der ersten Bahnen im Mittelabschnitt bei der 4. Armee die eigentliche Einsatzzeit der Heeresfeldbahnen. Diese Aktivzeit der Heeresfeldbahnen dauerte nur 30 Monate von Mitte 1942 bis Ende 1944. In dieser Periode wurden von den Pionieren und unter Einsatz von Kriegsgefangenen und Zivilbevölkerung (wie schon während des Ersten Weltkrieges), etwa 2.550 km Bahnen in den beiden Spurweiten 60 und 75 cm geplant und gebaut. Fertiggestellt davon wurden nur etwa drei Viertel. Die kürzeste Heeresfeldbahn (von Dno zum dortigen Munitionsdepot bei der 18. Armee) maß 5 km, die längste (Tamanbahn im Kuban-Brückenkopf bei der 17. Armee) hatte ein Streckennetz von 220 km. Nur sieben Bahnen mit zusammen etwa 770 km waren länger als 6 Monate in Betrieb.

1. HFB Finnland (1. Gebirgsarmee)	175 km
2. HFB Tuleblja–Demjansk (16. Armee)	60 km
3. HFB Taman (17. Armee)	220 km
4. HFB Orel (4. Armee)	63 km
5. HFB Cholm (16. Armee)	82 km
6. HFB Utoschkino (16. Armee)	60 km
7. HFB Wolchow (18. Armee)	110 km
	770 km

Eisenbahnpionier als Lokführer.

Im Laufe ihrer Einsatzzeit verfügten die Heeresfeldbahnen über etwa 1100 Lokomotiven, davon 430 Stück dampf- und 670 Stück motorgetriebenen, ferner über etwa 8000 meist vierachsige Feldbahnwagen. Zu Vorbauzwecken wurden mehr als 5000 Muldenkipper eingesetzt.

Bei oftmals nicht ausreichenden Vollbahnverhältnissen oder ungenügendem Wegenetz wurden die Heeresfeldbahnen vielfach zum Hauptträger des Nachschubs an Massengütern wie Munition, Verpflegung und Pferdefutter. Aber sie dienten häufig auch dem Mannschaftstransport. Besonders wichtig waren sie während der Schlammperioden im Frühjahr und Herbst und in den schneereichen Wintermonaten.

Unter zumeist widrigen Umständen haben die Eisenbahnpioniere ihren Dienst versehen. Es gab bei ihnen nur selten herausragende Ereignisse. Und dennoch hatte auch diese Truppe hohe Verluste: viele Eisenbahnpioniere wurden verwundet, fielen, wurden vermißt oder gerieten in Gefangenschaft.

Die für die Erschließung der Ukraine überwiegend schmalspurig vorgesehenen Wirtschaftsbahnen sollten eine Gesamtlänge von weiteren 2000 km umfassen. Sie wurden aber nicht vom Heer, sondern von der Reichsbahn geplant und ihr Bau von deutschen Zivil-Firmen begonnen. Nur 3 der 40 geplanten Bahnen wurden notdürftig fertiggestellt und zuletzt durch Eisenbahnpioniere als Heeresfeldbahnen in Betrieb genommen.

Blick von der Heizerseite einer HF 110 3/3 (Baujahr 1942/43) auf eine Strecke in Rußland.

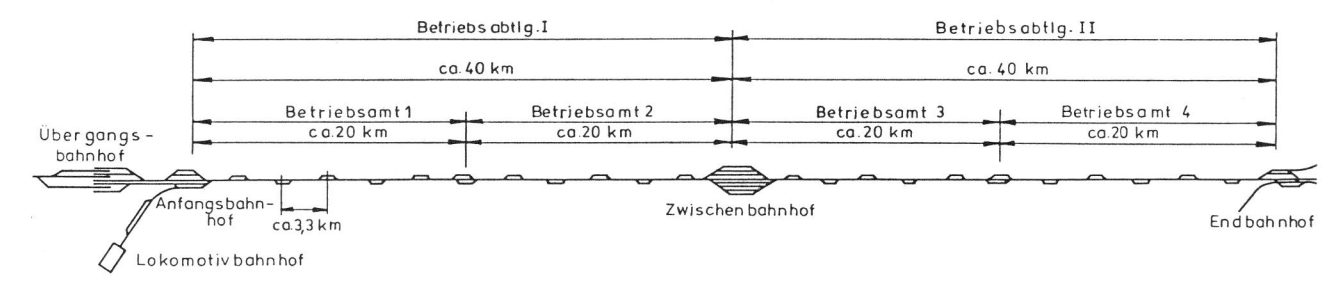

Schematische Darstellung einer Heeresfeldbahnstrecke von rd. 80 km Länge.

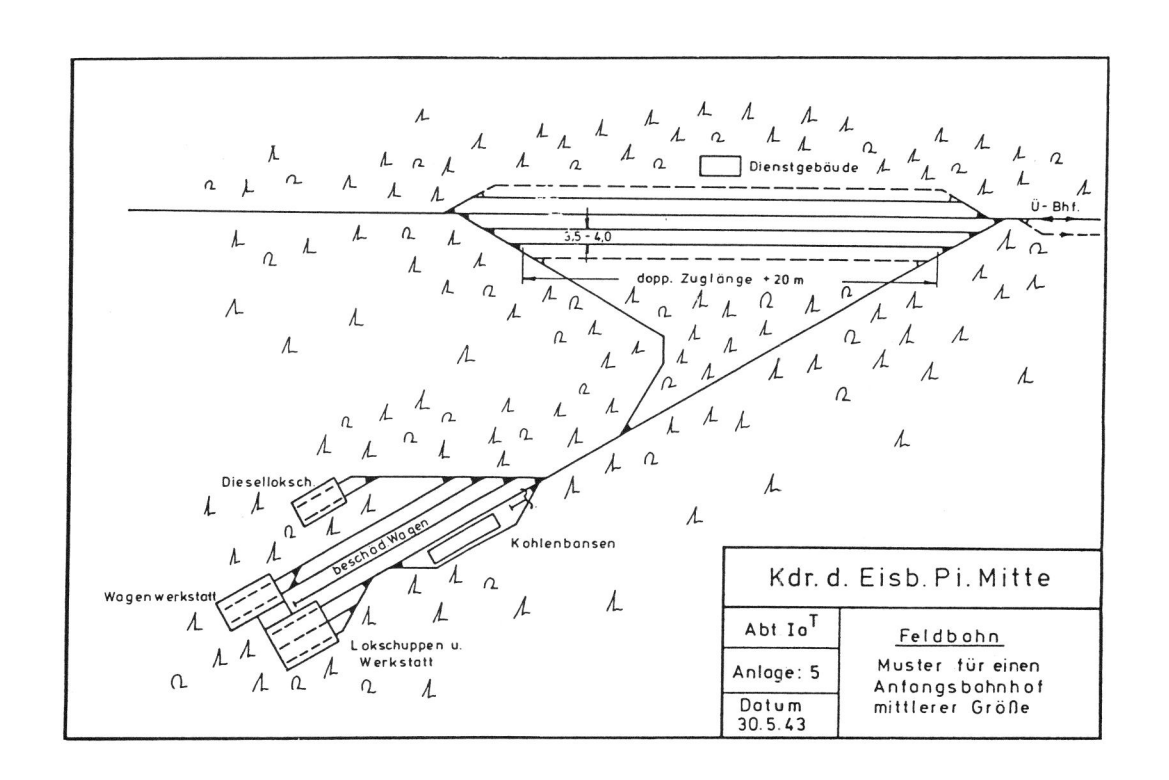

Schmale Spur trägt schwere Brocken

Eisenbahnpioniere bauten 50 km Feldbahn – Versorgung der Truppe verbessert.

Das nachfolgende Zitat entstammt dem Ausschnitt aus einer Frontzeitung des Jahres 1943. Es bezieht sich auf den Feldbahnbau zwischen dem Bahnhof Koschkin-Süd und Uspenskaja an der damaligen Mius-Front (Nähe Taganrog am Asowschen Meer bei der neuformierten 6. Armee).

„Die Versorgung der kämpfenden Truppe erfordert Straßen, gute Straßen, die möglichst unabhängig sind von den Launen der Witterung. Diese Forderung erfüllt im weitesten Maße der Schienenweg. Er bleibt uneingeschränkt befahrbar während langer Schlammperioden und ist verhältnismäßig unempfindlich gegen Winterschäden und andere Entwicklungen. Diese Erkenntnis und die Erfahrungen des letzten Winters gaben den Anstoß zum Bau einer Feldbahn im Armeebereich, deren wesentlichster Teil mit 50 km Streckenlänge dieser Tage durch den Kommandierenden General eines Armeekorps dem Verkehr übergeben werden konnte.

An einem Endpunkt der Normalbahn erstreckt sich über fast einen Kilometer der Umlade- und Anfangsbahnhof der Feldbahn. Die Bettung ist frisch, die Schwellen sind neu, die Wagen sind neu. Vor neun Wochen war noch nichts da. Seitdem haben sechs Kompanien Eisenbahnpioniere und rd. 1500 zivile Arbeitskräfte 98.000 Kubikmeter Erde bewegt, 60 Kilometer Gleis verlegt, 90 Weichen eingebaut und gegen 4 000 Tonnen Material verarbeitet.

In langen Reihen stehen auf dem Bahnhof beladene und Leerzüge nebeneinander. Flinke Lokomotiven verschieben Waggons, stellen neue Züge zusammen. An modern angelegten Rampen wird schweres Gut verladen. Die Feldbahn ist kein Spielzeug: Jeder Waggon faßt 9 Tonnen Last, Spezialwaggons sogar 30 Tonnen. Eine Lokomotive kann bis zu 10 Waggons ziehen. Als bisherige Tageshöchstleistung rollten 1248 Gewichtstonnen von diesem Bahnhof frontwärts.

HF 110 3/3 auf der 750-mm-HF-Bahn Hyrynsalmi – Kuusamo/ Finnland. Streckenlänge 180 km. Deutlich sichtbar auch hier die Winterverkleidung im Bereich der Einströmrohre. Die offenen Güterwagen haben in Finnland gebaute Aufbauten, die sie zu GG-Wagen machten. Links im Bild eine der zahlreichen Motordraisinen.

Die Lösung der Wasserfrage für den Dampfbetrieb spielt eine große Rolle. Bisher sind Wasserstationen an den beiden Endstellen der Bahn errichtet. Der Anfangsbahnhof wird über eine fast 3 km lange Wasserleitung aus einem künstlich aufgestauten Weiher versorgt. Mehrere Brunnenbohrungen und der Bau von in die Erde eingelassenen Behältern sind in Angriff genommen.

Die umfangreichen Arbeiten konnten den Sowjets nicht verborgen bleiben. Mehrfach versuchte Störangriffe durch Tiefflieger scheiterten an der Wachsamkeit der Flak. Lokschuppen und Stationshäuschen sind ohnehin zum Schutz vor Splitterwirkung in die Erde eingelassen.

Jeden Tag verlassen zahlreiche Züge mit Stellungsbaumaterial, Munition und Verpflegung für die kämpfende Truppe den Anfangsbahnhof der Feldbahn. Der auf den Höhenrücken westlich des Mius verlaufende Schienenweg schmiegt sich weitgehend dem Gelände an und überwindet hierbei Höhenunterschiede bis zu 80 m. Mehrfach kreuzt eine die gleiche Richtung verfolgende Rollbahn den Weg. Steppe, Felder mit blühenden Sonnenblumen, Mais und Gerste begleiten die Fahrt, die an zwei Zwischenbahnhöfen – Versorgungsstützpunkten der eingesetzten Divisionen – unterbrochen wird, um in reizvollem Abstieg in die Mius-Niederung vorläufig zu enden.

Die Weiterführung der Feldbahn bis zum späteren Endziel stellt neue Anforderungen an Können und Einsatzwillen der Eisenbahnpioniere."

HF 110 3/3 im Bahnhofsverschub.

Diese Aufnahme soll ein wenig Farbe bringen in die Reihe der Heeresfeldbahnfotos. Ausschnitt des Anfangsbahnhofs einer HF-Strecke auf einer Modellbahnanlage im Maßstab 1 : 43,5 (0e).

Auf dem Tender dieser HF 110 3/3 ist deutlich der Halter für den Pulsometerschlauch erkennbar. Mit ihm und mit dem auf der Lok am Sanddom angebrachten Schlauch war es möglich, Speisewasser aus nahegelegenen, natürlichen Gewässern oder aus abgestellten Kesselwagen, angelegten Teichen u. ä. anzusaugen.

Rechte Seite:
Typische Bw-Atmosphäre – wie sie auch auf vielen Schwarzweiß-Fotos der Archive erkennbar ist. Hier wieder auf der Modellbahnanlage.

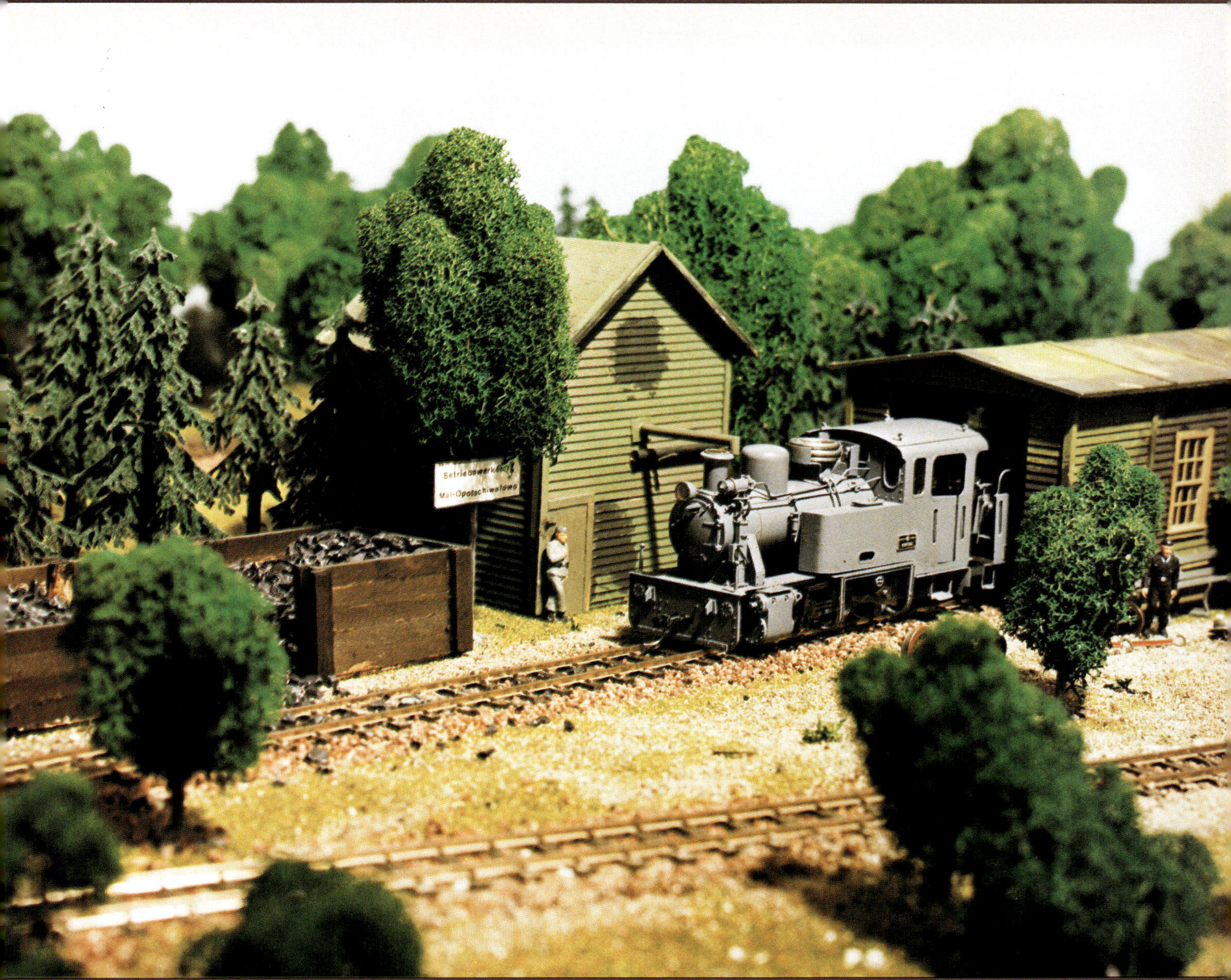

Winter 1942/43 im Halbkessel von Demjansk (s. auch S. 90-93).

Links:
Auf der 60-cm-HF-Bahn Loknja – Cholm. Auf dem Tender gut erkennbar die Begleitersitze und die Schlauchtrommel für den Pulsometer.

Unten:
Unterwegs auf der 75-cm-HFB »VENUS« im Mai/Juni 1944.

Rechts:
Auf der HF-Bahn Taman im Kuban-Brückenkopf Sommer 1943.

Unten:
September/Oktober 1942: Versorgungszug auf einer 60-cm-HF-Strecke. Aufgenommen von einer nachfolgenden Draisine.

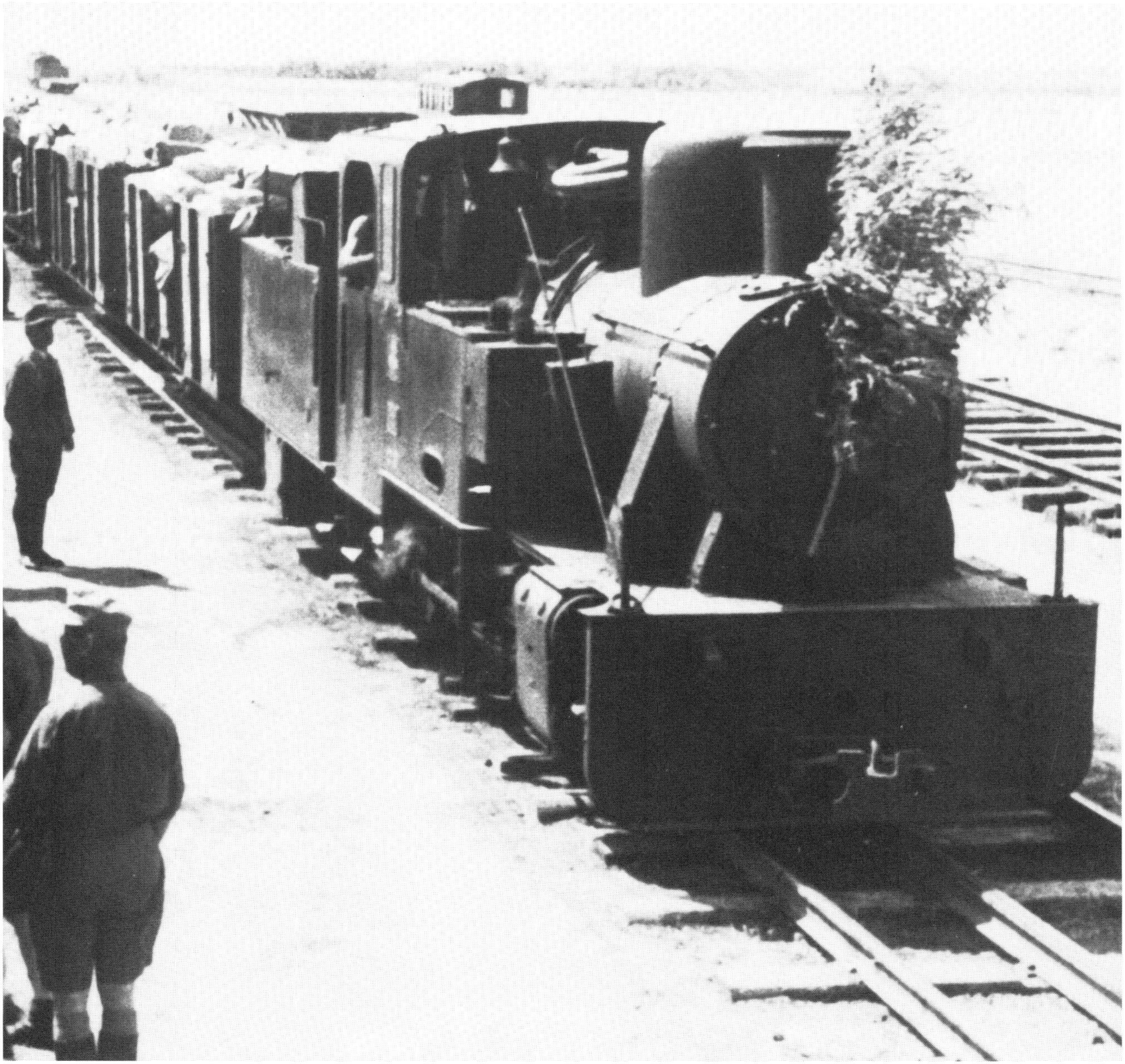

Hunderte von Feldbahnbrücken wurden von den deutschen Eisenbahnpionieren gebaut. Hier die Brücke 7 der HFB Gorodok – Priwalny im Sommer 1943.

*Wenn die notwendige Bauzeit vorhanden war, wurden auch Täler durch aufwendige Konstruktionen überbrückt.
HFB »VENUS«, Frühjahr 1944.*

Beim Brückenbau konnten sich die Eisenbahnpioniere immer wieder besonders bewähren. Hier eine HF 110 3/3 mit Vorbauzug. Bei der Lok handelt es sich um eine Henschel der Bauserie 25 322 - 25 361, der auch die heutige »BIELEFELD« entstammt.

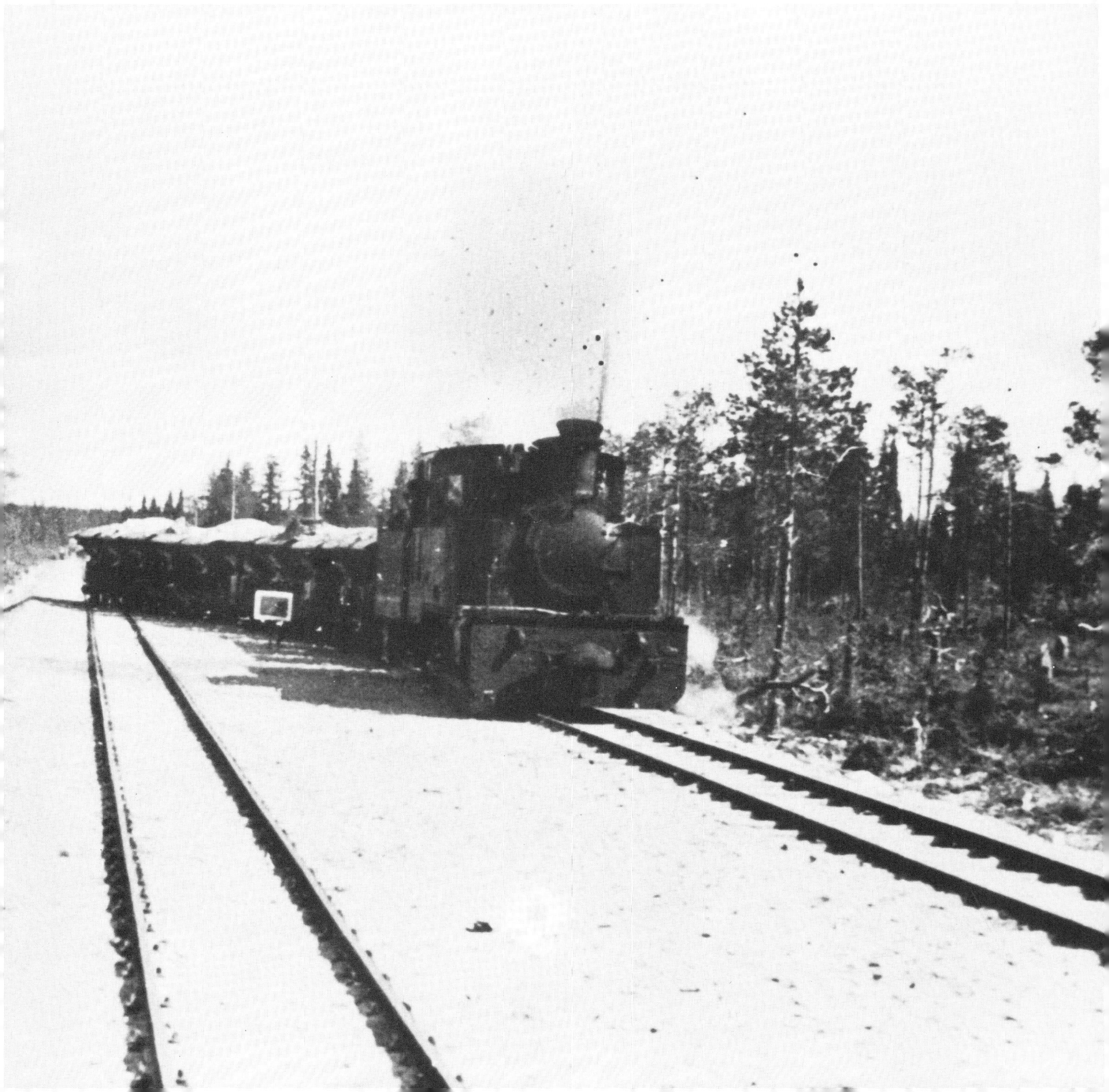

Links:
Bauzug auf der 750-mm-HFB Hyrynsalmi – Kuusamo in Finnland 1943.

Motor-Lokomotive HF Typ 130 C

Von den über 1100 schmalspurigen Heeresfeldbahnlokomotiven waren etwa zwei Drittel Motor-Lokomotiven. Auch hier gab es neben vielen Beutemaschinen und den aus der Privatwirtschaft requirierten Lokomotiven Neubautypen für die Heeresfeldbahnen. Ein Buchabschnitt über den Kriegseinsatz der Dampflokomotiven wäre sicher nicht komplett ohne einen Hinweis auch auf die Diesel-Schwestern. Besonders genannt sein soll die auf den Fotos abgebildete Standardtype der HF 130 C. Zwischen 1937 und 1943 wurden von ihr 341 Stück gebaut von sechs Lieferwerken. 197 allein von Gmeinder. Sie leistete etwa 130 PS und hatte diesel-hydraulischen Antrieb.

Genau wie bei der Standard-Dampflokomotive HF 110 3/3 blieben viele Motorloks dieses Typs erhalten und sind zum Teil heute noch bei Industriebahnen, aber auch bei Museums- und Touristikbahnen im Einsatz. Auch wir konnten 1985 eine solche Lokomotive von den Zementwerken Budenheim erwerben. Sie ist derzeit zerlegt und soll in einigen Jahren betriebsfähig hergerichtet werden.

152

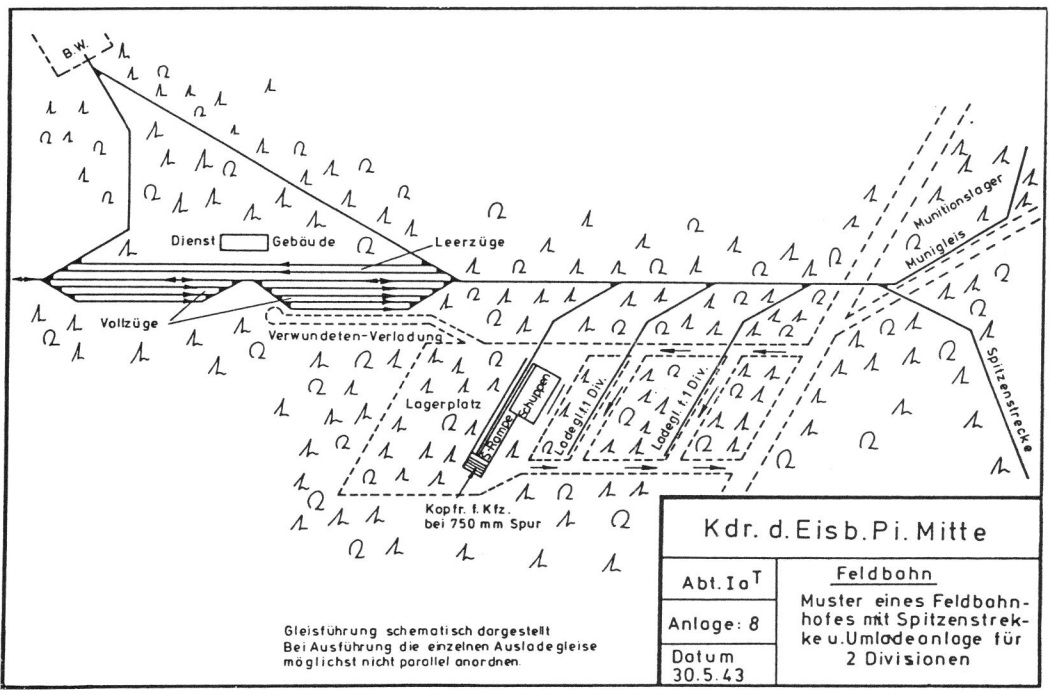

Henschel-Lok der Bauserie 25 322 - 25 361 1942/43 (vermutlich 750 mm) auf einer HFB im Mittelabschnitt. Zu beachten die Winterverkleidung und die für diese Reihe 1942/43 typische rückwärtige Schornsteinverlängerung.

Foto linke Seite oben:
Frontansicht eines 6ständigen Lokschuppens auf der HFB
Tuleblja – Demjansk im Winter 1942/43.

Vom Winde verweht

Über die Geschichte und den Verbleib vieler ehemaliger Heeresfeldbahnlokomotiven wurde in diesem Buch berichtet. Es stellt sich zum Ende dieses Kapitels über den Kriegseinsatz aber auch die Frage nach dem Schicksal der ehemaligen Feldbahnstrecken.

Nach Ende des Ersten Weltkrieges wurden sowohl in Frankreich (für landwirtschaftliche Zwecke), als auch besonders in Polen und in einigen Balkanländern (für Schmalspur-Güter- und Personenverkehr) viele ehemalige Heeresfeldbahnstrecken für zivile Zwecke weiter genutzt.

Anders die Situation nach Ende des Zweiten Weltkrieges. Schmalspurige Heeresfeldbahnen wurden – von ganz wenigen Ausnahmen abgesehen – nur im Rußlandkrieg gebaut. Die meisten stellten Provisorien dar: schnell gebaut, mit meist unzureichendem Unterbau. Nur wenige waren z. B. länger als sechs Monate in Betrieb. Einige wurden überhaupt nicht mehr in Betrieb genommen, da das Frontgeschehen über sie hinweggerollt war. Da die meisten Bahnen abseits größerer Wirtschaftszentren verkehrten, ist kaum anzunehmen, daß die sowjetischen Truppen oder auch zivile Behörden die Bahnen weiterbetrieben haben. Meist wurden sie beim Rückzug – vor allem die Kunstbauten – nachhaltig zerstört. Auch bei intensiver Suche dürfte man kaum noch Spuren finden.

Mit einer Ausnahme allerdings: Von der großen Heeresfeldbahn Kuusamo – Hyrynsalmi in Finnland gibt es in der Nähe von Kuusamo noch Überreste zu sehen: als Autostraße benutzte Bahndämme, als Straßenbrücke verwendete Heeresfeldbahnbrücke und schließlich auch die nebenstehend abgebildeten Überreste des Lokschuppens von Sänkikangas, 1974 fotografiert.

Heeresfeldbahnstrecken des Zweiten Weltkrieges: Vom Winde verweht. Lediglich ein Dutzend Triebfahrzeuge und ebensoviele Wagen überdauerten bis heute.

- ENDE -

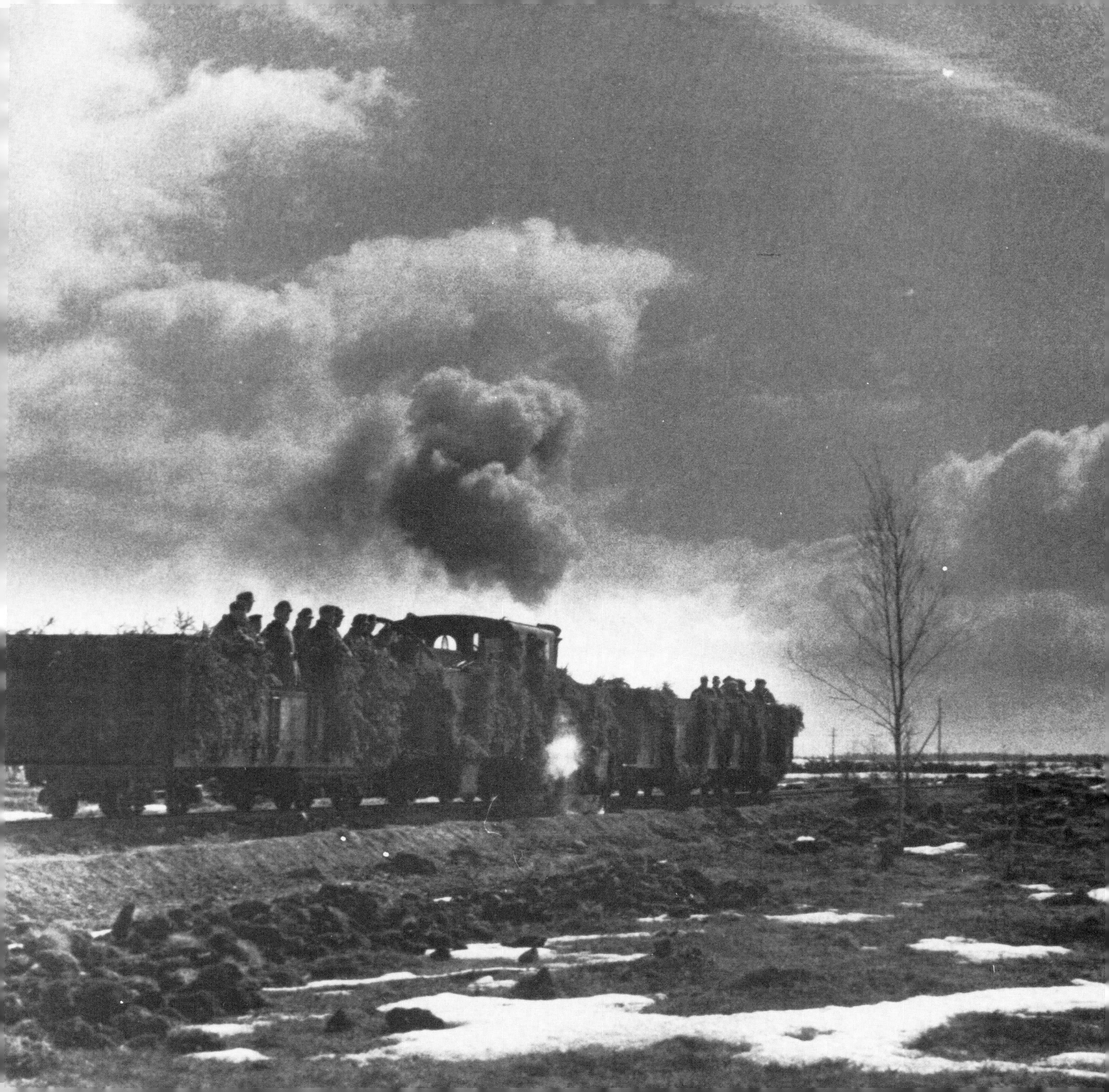

Nachwort

Die bisherige Geschichte unserer vier kleinen Dampfloks endet hier.

Vor beinahe 50 Jahren wurden sie für den Kriegsdienst entworfen und gebaut. Sie haben die Kriegswirren überlebt. Nach Kriegsende wurden sie zu wirklichen Friedensloks: als Helfer der notleidenden Bevölkerung, bei Hamsterfahrten, als Personenzugloks der Kleinbahnen für den wiederauflebenden Schüler- und Berufsverkehr, vor Güterzügen beim Wiederaufbau. Schließlich hatten sie ihre Pflicht getan, wurden bei ihren angestammten Dienstherren ausgemustert. Doch Liebhaber wollten sie für die Nachwelt bewahren. Sie wurden restauriert und zu Museumsloks. So blieben sie erhalten als eine eigenwillige Spezialgattung von Dampflokomotiven.

Mögen sie nun für viele Jahre als kleine, aber sympathische Umweltverschmutzer lebendiges Denkmal bleiben für eine technikgeschichtliche Entwicklung, die seinerzeit das junge Industriezeitalter geprägt hat.

Möge ihnen eine glückhafte Zukunft in unserem geliebten Jagsttal beschieden sein.

Walter Ess und die Jagsttalbahner
im Herbst 1986

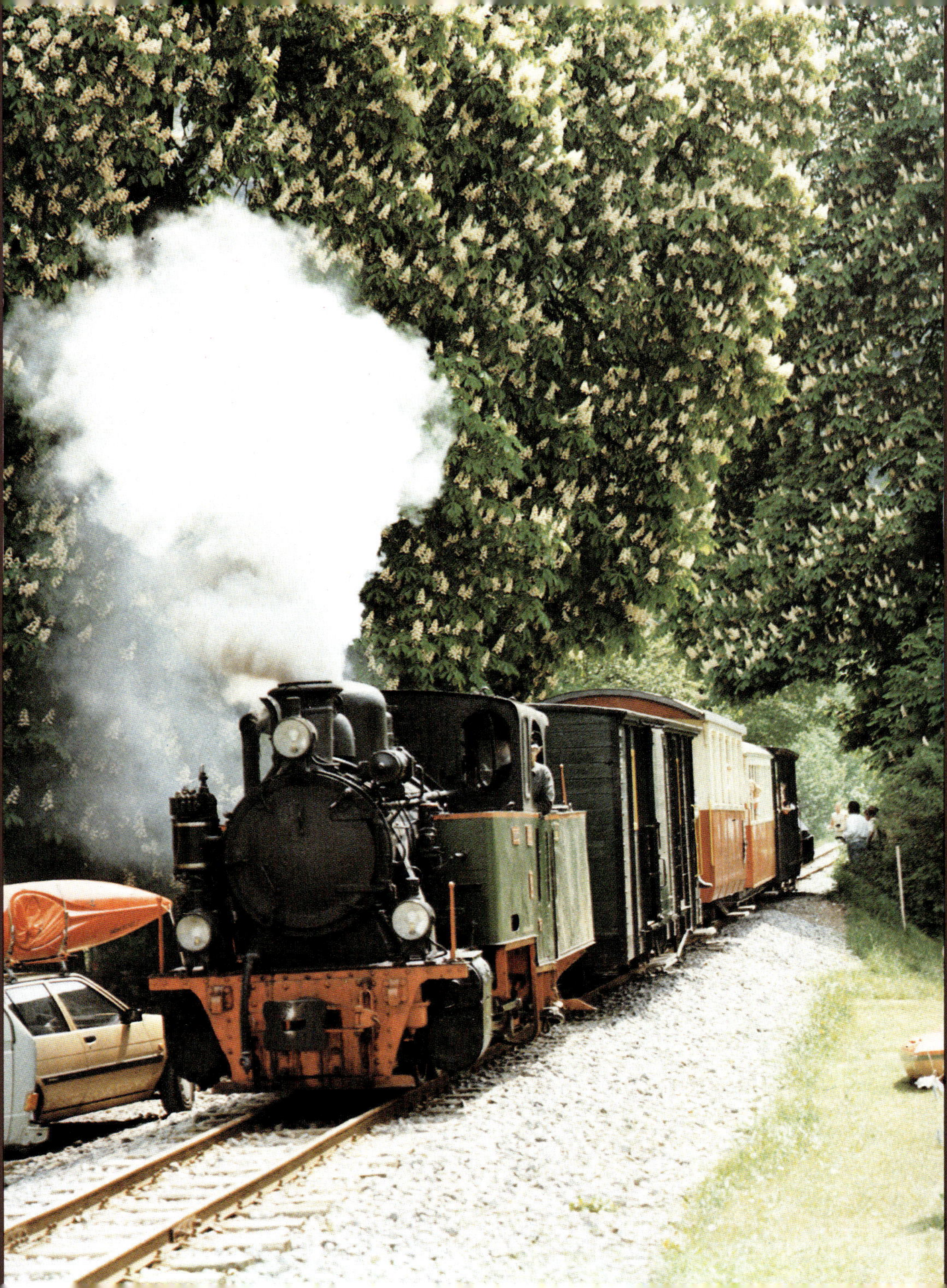

Literaturhinweise

Heeresfeldbahnen
Alfred B. Gottwaldt
Motorbuch-Verlag, Stuttgart, 1986

Heeresfeldbahnlokomotive Henschel 25983
Walter Ess
Jagsttalbahnfreunde e. V., Dörzbach, 1976

Fahrzeuge der Jagsttalbahn
Braun, König, Körner, Uhlig
Jagsttalbahnfreunde e. V., Dörzbach, 1984

Schmalspurig durch Österreich
Krobot, Slezak, Sternhart
Verlag Slezak, Wien, 1975

Bahn im Bild
Verlag Pospischil, Wien
Band 5 Die Zillertalbahn 1978
Band 7 Die Salzkammergut-Lokalbahn 1979

Die Bregenzerwaldbahn
Lothar Beer
Verlag Eurovapor, Zürich 1977

Feldbahnen in Deutschland
Dierk Lawrenz
Franckhs Eisenbahnbibliothek 1982

Ein Jahrhundert Feldbahnen in Deutschland
Dierk Lawrenz
Franckhs Eisenbahnbibliothek 1986

KDL 11, Kriegsdampflok 11
Herbert Fritz
Club 760, Murau/A, 1986